SCIENCE
ET NATURE

—

TOME PREMIER

Paris. — Imprimerie de E. MARTINET, rue Mignon, 2.

SCIENCE ET NATURE

ESSAIS

DE PHILOSOPHIE ET DE SCIENCE NATURELLE

PAR

LE Dʳ LOUIS BÜCHNER

TRADUIT DE L'ALLEMAND, AVEC AUTORISATION DE L'AUTEUR

PAR AUGUSTIN DELONDRE

TOME PREMIER

PARIS
GERMER BAILLIÈRE, LIBRAIRE-ÉDITEUR
Rue de l'École-de-Médecine, 17.

Londres	New-York
Hipp. Baillière, 219, Regent street.	Baillière brothers, 440, Broadway.

MADRID, C. BAILLY-BAILLIÈRE, PLAZA DEL PRINCIPE ALFONSO, 16.

1866

Tous droits réservés

PRÉFACE

DE L'ÉDITION ALLEMANDE

Les mémoires, les études critiques, les dissertations que nous avons réunis ici, — à l'exception de ceux qui proviennent des deux dernières années (1861 et 1862), — ont paru dans différents journaux dans les années 1856-1860, et sont redevables de leur origine, en partie aux luttes et aux discussions philosophiques dans lesquelles l'auteur s'est trouvé enveloppé par des publications antérieures. Le désir de les faire connaître, réunis ensemble, à un cercle plus étendu de lecteurs, et de contribuer ainsi pour sa part non-seulement au progrès de l'instruction générale, mais aussi à l'explication d'une série de sujets dont l'intérêt et l'importance résultent clairement des luttes philosophiques du passé le plus récent et à un degré non moindre de la teneur des œuvres qui en ont été la base — engage l'auteur à les publier en les réunissant pour en constituer le choix que l'on rencontre ici, et en y ajoutant des travaux qui n'ont pas encore été imprimés, après avoir revu encore préalablement chacun des mémoires déjà publiés et les avoir corrigés, dans le cas où le besoin s'en faisait sentir, avec l'aide des nouvelles découvertes qui avaient été portées à la connaissance du public depuis leur apparition et y avoir ajouté des notes. Une pensée fondamentale, unique, non empreinte de l'hypocrisie officielle de l'époque actuelle, qui verra le temps et l'avenir émettre sur sa valeur et sa signification un jugement tout autre que celui que peuvent émettre les criailleries partielles et la vue bornée de l'instant actuel, les relie et les unit entre eux. Comme dans tous les ouvrages précédents de l'auteur, le mode d'exposition est de telle nature que tout homme instruit peut le suivre avec facilité et comprendre, aussi bien que l'auteur lui-même, ce qui y est dit : l'ordre dans lequel sont rangés les mémoires considérés isolément, est celui même des époques auxquelles ils ont été écrits et ont été publiés dans les journaux hebdomadaires et mensuels « JAHR-HUNDERT, *Zeitschrift für Politik und Litteratur* » (1856 et 1857), « ANREGUNGEN *für Kunst, Leben und Wissenschaft* » (1857-1861), et « STIMMEN DER ZEIT » (1860). Le mémoire « Frantz contre Schleiden » portait, lors de sa première publication, le titre : « *Herr Professor Schleiden und die Theologen* » (Monsieur le professeur Schleiden et les théologiens). Si, dans son entreprise, — qui peut être considérée comme destinée à compléter et à commenter les écrits antérieurs de l'auteur, et notamment l'écrit intitulé «*Kraft und Stoff*» (Force et matière), qui est arrivé actuellement à sa septième (1) édition et qui a été traduit dans les prin-

---

(1) Et actuellement à sa huitième édition.
(*Remarque de l'auteur pour l'édition française.*)

cipales langues vivantes — trouve l'accueil nécessaire auprès du public qui est appelé à le lire, l'auteur est dans l'intention de le faire suivre d'un autre dans lequel il examinera entre autres les sujets et les thèmes suivants : Sur l'histoire naturelle de l'homme, II; — sur l'âme des bêtes; — sur la vie nocturne de l'âme; — nouvelles pensées relatives à la création; — Philosophie et science naturelle; — sur le vrai idéalisme et le faux idéalisme; — sur la dérivation du genre humain; — sur la liberté; — sur la philosophie de la génération; — l'instinct; — Homme et bête; — corps et âme; — sur l'expérience; — Locke et sa théorie de l'entendement; — La chose en soi; — Le champ de bataille de la nature, ou la lutte pour l'existence; — Sur la téléologie; — Nature et Bible; — Spinoza; — etc., etc.

Darmstadt, août 1862.

SCIENCE ET NATURE

ESSAIS

DE PHILOSOPHIE ET DE SCIENCE NATURELLE

I

VIE ET LUMIÈRE

(1856)

Vie et lumière sont deux idées corrélatives, qui sont rapprochées très-fréquemment l'une de l'autre sans que celui qui les emploie ainsi ait, dans la plupart des cas, plus qu'une perception peu nette et un sentiment tout à fait indéterminé de leur rapport réciproque. Dans toute circonstance où la lumière existe, la vie existe également : lorsqu'il y a vie, il y a également lumière : ainsi s'exprime chacun, et il n'y a pas de poëte, ni de rimailleur quelconque, qui ait omis de ramener très-souvent dans ses rimes ces deux belles expressions. Mais parmi ceux qui en ont fait usage, soit en écrivant, soit en lisant, combien en est-il à qui il est venu dans l'esprit de faire pénétrer leur pensée jusque dans le rapport intime et scientifique qui existe entre ces deux idées, rapport qui peut être considéré avec raison comme la base fondamentale de toute vie organique! Sans lumière, point de vie! Sans lumière, la terre serait une masse obscure, morte, au lieu d'être un habitat riant pour d'innombrables créatures, heureuses de leur existence. Si la *première lumière* qui a pénétré, il y a des millions et des millions d'années au travers de cette masse vaporeuse, dense, placée autour de la terre qui était en formation, si cette première lumière a éveillé la première étincelle de vie à la surface de la terre, la lumière est restée aussi depuis cette époque la compagne assidue de la vie et la cause principale du cours circulaire incessant de la transmutation de la matière qui, dans sa fluctuation éternelle de haut en bas et de bas en haut, rejette, à la surface, des êtres nombreux et des formes de toute espèce pour les engloutir de nouveau après une courte existence. Ce que pressent le sentiment du poëte, l'œil du naturaliste le reconnaît et le voit, puisqu'il suit le rapport de la vie et de la lumière dans ses rapports intimes et en découvre les particularités. Il doit avoir étouffé depuis longtemps en lui-même toute impulsion scientifique, celui qui n'attache aucune importance à ces particularités et qui ne serait pas désireux d'apprendre quelque parcelle de ce que la science qui travaille et cherche toujours, a mis en évidence sur ce rapport entre la vie et la lumière.

Avec un tact très-heureux, J. Moleschott, ce savant qui avait été expulsé d'Heidelberg et qui a été appelé en Suisse, dans ce pays de la liberté, à une nouvelle chaire d'enseignement par des hommes d'un esprit vraiment intelligent, a choisi le thème *Vie et lumière* pour son discours d'ouverture à Zurich (le 21 juin 1856) et fait imprimer simultanément ce discours avec une dédicace à son père (1). A peine deux semaines s'étaient écoulées depuis sa publication, et déjà une deuxième édition était livrée au public. Dans ce discours, Moleschott fait ressortir, avec sa méthode claire bien connue, aussi intéressante qu'instructive, *l'influence de la lumière sur la vie organique* en s'appuyant sur des faits connus pour la plus grande partie. La déperdition d'oxygène est, suivant Moleschott, l'essence chimique de l'organisation *végétale* et elle n'a lieu que sous l'influence de la lumière. L'oxygène, devenu libre par la réaction vitale des plantes, s'échappe dans l'air et sert à la respiration et à la nutrition des *animaux*. Les plantes n'exhalent de l'oxygène que lorsque le soleil les éclaire. En effet elles s'assimilent par combinaison chimique l'acide carbonique contenu dans l'air et en mettent l'oxygène en liberté. Les recherches les plus récentes nous l'ont appris : sous l'influence de la lumière même, que nous savons, en tant que nous la connaissons à l'état désigné sous le nom de lumière blanche, être composée de plusieurs espèces de lumières ou de rayons lumineux, les soi-disant rayons lumineux sont les seuls qui accélèrent la nutrition chimique des plantes. Pendant la nuit et pendant les éclipses de soleil, cette réaction est renversée; les plantes absorbent de l'oxygène et exhalent de l'acide carbonique. La plante est donc, dans le vrai sens du mot, un enfant de la lumière, qui en dépend par sa génération, sa nutrition et son accroissement. »

(1) « Vie et Lumière. » (*Licht und Leben* ..) Voyez *Revue des cours scientifiques*, 2ᵉ année.

L'animal, dont la respiration est toujours identique avec elle-même au point de vue chimique, se comporte tout autrement : toutefois cette respiration paraît dépendre de l'existence des plantes. Sans l'oxygène que ces dernières abandonnent à l'air, l'animal ne pourrait pas vivre, tandis qu'il produit, dans sa respiration même, de l'acide carbonique, qui est d'un besoin si indispensable pour l'existence de la plante, et ainsi se produit entre sa respiration et celle des plantes cette loi d'échange si connue et si intéressante, dont nous avons déjà fait mention. Du reste, on se tromperait si l'on voulait admettre que la lumière n'a aucune influence sur la respiration et la réaction vitale des animaux. Bien que cette influence ne soit pas aussi éclatante que dans les plantes, elle n'est pas moins importante et moins riche en conséquences. D'après les recherches indiquées plus haut, l'acte de la respiration s'opère dans l'obscurité plus lentement qu'au jour. Plus il y a de lumière, plus l'exhalation de l'acide carbonique est considérable. Mais comme la totalité de la transmutation de la matière se trouve intimement liée à l'acte de la respiration, la lumière du soleil exerce une action accélérative sur la transmutation de substance des animaux, et produit en même temps une action excitante sur toute l'activité organique et notamment sur la fonction des nerfs et de l'intelligence. Par suite, les animaux sont plus faciles à engraisser dans des étables obscures que sous l'influence de la lumière, parce que, exciter et consommer, constitue l'action qu'exerce la lumière sur l'organisation animale. Dans l'état d'activité organique, normale et hygiénique, de l'organisme animal, mais surtout de l'organisme humain, cette influence excitante et vivifiante de la lumière est toutefois nécessaire. Tout le monde sait quel effet excessivement fâcheux l'absence de lumière exerce sur la santé et quelles misérables créatures naissent et s'élèvent (1) dans les habitats obscurs et humides des prolétaires dans les grandes villes. Et qui n'a pas expérimenté sur lui-même quelle fâcheuse influence exerce sur notre sérénité d'esprit une journée sombre, pluvieuse, en opposition avec l'élan, plein de vivacité, de notre existence, dans un jour florissant, éclairé par un soleil éclatant?

Ces explications vraiment intéressantes conduisent très-naturellement Moleschott à la délimitation que la nature extérieure affecte à la *volonté, dite libre,* de l'homme qui, suivant son opinion, est un produit de la nature et non une entité sans point d'appui préliminaire, et il tire de là l'occasion de répondre aux attaques parfois puériles qui ont été dirigées de tous côtés contre une certaine direction de l'étude philosophique de la nature. Liebig est représenté comme un savant *de cour* qui, devant *un cercle de courtisans,* s'efforce, non de contredire, mais de ridiculiser les savants qui lui sont opposés. Les naturalistes, dit Moleschott, ne nient pas l'esprit, ils ne veulent pas non plus expliquer l'esprit, ni la vie : en effet la liaison inséparable de l'esprit et de la matière réside, non dans une explication, mais dans un fait. Il n'est pas davantage possible d'expliquer l'unité naturelle de la force et de la matière : mais on peut dire seulement qu'elle constitue

---

(1) Le crétinisme, cette enflure hideuse à laquelle est sujet le corps humain, n'est pas seulement, d'après les observations les plus récentes, une maladie des montagnes où elle se rencontre dans les vallées humides et profondes, difficilement accessibles au soleil, mais une maladie des grandes villes dans lesquelles des habitats humides, obscurs, abritent toute une classe de créatures misérables qui présentent, sous le rapport corporel et intellectuel, de la ressemblance et de l'analogie avec les crétins. *(Remarque de l'auteur.)*

une unité nécessaire à la nature, cause déterminante du mouvement éternel et se trouvant elle-même en mouvement. Les impressions renversées de l'enfance peuvent seules, au lieu de cette unité, nous faire apercevoir toujours seulement la désunion de ces deux idées. Les philosophes savent, tout aussi peu que les naturalistes, expliquer l'esprit. Mais ces derniers en savent assez pour ne pas même tenter d'en entreprendre une explication. Ces derniers ne nient pas l'esprit, puisqu'ils font voir que le mouvement ascensionnel ou descensionnel du cerveau correspond à un mouvement ascensionnel ou descensionnel de la vie intellectuelle, et puisqu'ils savent qu'une transformation de la matière doit avoir aussi pour conséquence une transformation de ses fonctions. L'hypothèse d'un esprit qui, indépendant et organisateur, gouverne la matière, est en contradiction avec toute expérience.

Tels sont en résumé les traits les plus saillants contenus dans le discours de M. Moleschott, que doit lire lui-même celui à qui l'indication résumée de son contenu que nous venons de donner, ne suffit pas. Nous pourrions ajouter à la partie polémique de ce discours l'observation suivante : l'ignorance, la grossièreté, la trivialité avec lesquelles, dans cette discussion, les nombreux antagonistes de la direction empirique de l'étude de la philosophie naturelle ont traité les défenseurs de cette direction, dépassent toute idée, et plus des individus sont ignorants et inaptes à juger les questions dont il s'agit ici, plus ils croient que leur bouche doit le faire. Mais ces individus, et malheureusement aussi la plupart des hommes instruits, ont assurément à peine une idée de la voie que suit l'étude des sciences naturelles et que doivent suivre toutes les sciences dans l'avenir, et croient pouvoir, à l'aide de quelques idées à priori, puisées dans le lait maternel, réduire à néant la réalité la plus éclatante. Malgré tout cela, nous ne pouvons cependant douter que les faits finissent par triompher et que le temps vienne dans lequel l'esprit humain puisera, dans les sciences de la nature et de l'histoire, les seules règles immuables de sa pensée. Les hommes liront alors avec étonnement l'histoire des temps dans lesquels nous nous trouvons, et pourront à peine considérer comme possible que jamais une telle somme d'ignorance et de contradiction de la nature ait pu prédominer chez leurs devanciers.

II

DE L'IDÉE DE DIEU ET DE SA SIGNIFICATION DANS L'ÉPOQUE ACTUELLE

(1856)

Nous vivons à une époque d'antithèses, — d'antithèses inaccessibles, inconciliables, qui paraissent être toujours chassées de plus en plus de la hauteur à laquelle elles se trouvent. On peut tourner ses regards du côté où l'on veut; on rencontre partout le même spectacle. État, société, religion et science, tout se sépare également et chaque nouvelle année paraît creuser plus profondément les sillons de séparation, de manière qu'il devienne impossible de les combler. Du reste, ces antithèses qui remuent et agitent l'époque actuelle, ne présentent rien de nouveau : elles ont existé de tout temps dans leurs traits fondamentaux. Les plus essentielles ont déterminé des luttes, des bouleversements et des révolutions de toute espèce; mais, à aucune époque de l'histoire, leur opposition ne s'était présentée avec une telle force et une telle généralité, une telle progression d'énergie et un caractère plus inconciliable qu'à l'époque actuelle. L'excès de réaction en face de l'excès du progrès, l'excès d'absolutisme en face de l'excès de démocratie, la différence la plus grande entre les classes en face de la tendance la plus grande à atteindre l'égalité, la richesse la plus fabuleuse en face de la pauvreté la plus illimitée, la civilisation la plus élevée en face de l'ignorance la plus profonde, la liberté la plus grande de l'esprit en face de l'esclavage le plus complet, l'orthodoxie, le piétisme, le fanatisme sous toutes les formes en face de l'incrédulité, de l'athéisme et de la tolérance d'opinions la plus excessive, le progrès rapide des sciences en face de la négation et du mépris le plus éhonté de ses résultats, la production de la lumière en face de la production de l'obscurité, la témérité en face de la pusillanimité, le progrès incessant des connaissances en face de la dépression incessante du niveau de l'intelligence, la lumière en face de l'obscurité. En résumé et d'une manière nette : des ennemis et partout des ennemis, qui sont déterminés entre eux à une lutte de nature irréconciliable. Celui qui considère cet état de choses, ne peut pas croire sérieusement à la paix de l'avenir. L'époque ne nous paraît plus trop éloignée dans laquelle les forces antagonistes, sortant d'un état de tension excessivement élevée, commenceront une lutte formidable et détermineront si, dans l'avenir, le monde deviendra *grec* ou *barbare*. Les hommes dits « pratiques » hausseront peut-être les épaules en face d'une pareille prédiction et penseront que le monde n'est pas actuellement tout autre qu'il était autrefois, et qu'il continuera son évolution incessante sans grande interruption. Mais les hommes « pratiques » se sont aussi souvent trompés que les rêveurs et les penseurs, dans les conclusions qu'ils ont tirées de l'expérience, et paraissent, en considérant comme pratique tout ce qui est existant, ne pas voir que les conditions dans lesquelles nous vivons, méritent, moins que toutes autres, la qualification de « pratiques. » Assurément, nous croyons que les hommes « pratiques » présentent précisément, dans ce cas, le moins d'aptitude pour comprendre l'essence et l'esprit de ce temps ; en effet cette essence n'est pas du ressort de la politique pratique, mais de celui de la pensée. Avec les relations instantanées, cela semble peut-être un paradoxe de supposer que ce ne sont pas les diplomates, mais les penseurs qui font aujourd'hui l'histoire; mais la vérité de cette hypothèse doit sembler éclatante à celui qui juge d'après autre chose que d'après la simple apparence extérieure. Les diplomates tournent seulement les feuilles et font l'histoire de quelques années; mais, après eux, viennent d'autres puissances qui jouent le dernier atout. Les mouvements de soldats devant Sébastopol, les notes belliqueuses, les conférences, — que sont-elles en regard des luttes qui s'accomplissent actuellement dans le ressort de l'esprit ! Un ouvrage qui a paru dans le cours de cette année (1856), *Critique de l'idée de Dieu, considérée par rapport aux opinions que l'on en a actuellement dans le monde* (*Kritik des Gottesbegriffes in den gegenwärtigen Weltansichten*) (1) par un auteur anonyme, fait naître pour nous une occasion de jeter un coup-d'œil dans les profondeurs intimes de la lutte intellectuelle qui émeut le monde. C'est avec un sentiment de tristesse que nous suivons les explications claires et bien méditées de l'auteur, et nous sommes forcés de le suivre jusqu'au bord d'un abîme, au fond duquel il nous précipite, et dont aucune issue ne paraît possible de prime abord. « L'idée de Dieu », considérée par rapport aux opinions que l'on en a actuellement dans le monde, et par rapport à ses différentes formes, est le sujet important dont il s'occupe, et, en considérant, au point de vue de l'État et à celui de l'Église, les effets de la désunion spéculative et philosophique dans la sphère de cette idée, notamment dans tout

(1) *Nördlingen*, Verlag der C. H. Beck'schen Buchhandlung, 1856.

ce qui est relatif au *théisme* et au *panthéisme*, il arrive au résultat digne d'attention que la solution de ce problème spéculatif enveloppe tout l'avenir politique et social de l'humanité. S'il n'est pas non plus possible de méconnaître que l'auteur, qui est peut-être du nombre des philosophes méthodistes, est souvent conduit trop loin dans ses conclusions, par sa tendance à classifier et à coordonner, nous devons tomber d'accord avec lui de l'exactitude des aperçus qui servent de base à ses opinions, et être bien convaincus que la grande question de l'époque actuelle est précisément du domaine d'un problème philosophique. Les perspectives que l'auteur, en partant de ce point de vue, nous ouvre pour l'avenir, sont tristes et désolantes, et si nous étions forcés d'y croire, nous devrions désespérer presque de nous-mêmes et de l'histoire. Après avoir démontré l'absolu manque de fondement logique de toutes les idées de Dieu de l'école unitaire, qui ont été émises jusqu'ici, l'auteur s'exprime ainsi à la page 90 de son ouvrage : « L'état actuel forme, d'après cela, un ensemble de problèmes politiques et moraux qui nous ramènent plus ou moins directement à une question fondamentale. La perspective qu'il ouvre à l'œil de l'observateur, si la question fondamentale n'est pas résolue, est sans contredit la plus difficile qui puisse être imaginée. Si le radicalisme panthéiste triomphe, le lien qui nous unit aux temps historiques antérieurs, est tranché, et l'humanité est abandonnée à un bouleversement moral et à une anarchie sociale dont elle ne peut, dans le cas le plus favorable, être sauvée que par un despotisme inhumain. Si l'absolutisme théiste triomphe, tous ces efforts pour atteindre à la liberté et à la majorité, à l'émancipation sociale et politique, dont l'humanité s'est pénétrée depuis la réforme, sont anéantis et toute leur histoire est renversée. Si, au contraire, la lutte continue, telle que nous l'avons ressentie depuis soixante-cinq ans, sous la forme de convulsions sans fin et sans issue entre les deux points extrêmes, et il en serait précisément ainsi dans les prévisions humaines si les deux forces étaient égales, les oscillations ainsi produites doivent nous emporter par leur propre force.

Toutes les antithèses de l'époque actuelle dont il a été question précédemment, l'auteur les réunit en une seule antithèse toute-puissante, qui résulte de l'ensemble des variations de l'idée de Dieu, et il fait dépendre de sa solution l'avenir politique et social de tous les peuples, mais notamment du peuple *allemand*. Pour l'Allemagne versée dans les questions spéculatives et philosophiques, il considère cette question comme une question vitale, ayant pour conclusion la continuation de l'existence ou l'anéantissement. De telles idées, provenant du cerveau d'un esprit cultivé et d'un penseur, qui assignent à l'avenir l'horoscope le plus fâcheux qui puisse généralement lui être assigné, méritent assurément d'être pesées et examinées de la manière la plus sérieuse à une époque qui est déjà pleine d'antithèses de la nature de celles que nous avons exposées antérieurement et qui donnent matière aux intuitions et aux prévisions les plus fâcheuses. Si, ainsi que nous l'avons dit, nous étions forcés de tomber d'accord avec l'auteur sur tous les points, il ne nous resterait plus qu'à diriger nos études vers un genre de mort convenable ; et il n'y aurait plus, à proprement parler, à s'occuper de la continuation de l'existence ou de l'anéantissement; en effet, les trois possibilités d'avenir que l'auteur admet seulement, ne sont toutes que des possibilités d'anéantissement. Mais de ce qu'un pareil résultat est la terminaison de ses conclusions, cela doit être pour nous un signe sensible que ses prémisses doivent contenir quelque part un point erroné. Une époque qui lutte pour son existence avec des forces aussi actives et des moyens matériels aussi puissants que cela se présente pour la nôtre, et qui montre, dans une portion nouvelle du monde, favorisée de la nature à un degré plus élevé que toutes les autres terres, un mouvement politique et social d'une progression si énormément énergique que cela ne s'était encore jamais vu, une pareille époque ne peut pas, du moins dans un avenir très-rapproché, être destinée à l'anéantissement. L'erreur principale que l'auteur commet, réside dans le caractère exclusif et la valeur évidemment trop élevée qu'il assigne à l'idée de Dieu et à la contradiction qui en résulte pour la pratique de la vie. Si cette idée présentait en réalité, relativement à la vie, l'importance que l'auteur lui attribue, et si le sort et la vie des peuples dépendaient de sa solution, on ne pénétrerait pas pourquoi ces peuples ne sont pas déjà arrivés depuis longtemps à l'anéantissement. Dès que l'homme a pensé, il s'est occupé de cette idée, et, en présence des opinions et des systèmes contradictoires, il n'a jamais pu arriver à la solution d'un problème dont le dernier pas est toujours d'une importance égale avec le dernier problème à résoudre. Cependant le monde a toujours continué et continuera toujours à marcher. Et il doit toujours continuer à marcher parce que son existence ne peut pas dépendre de la solution exacte d'une question à laquelle on ne peut pas et on ne pourra par suite jamais répondre. L'auteur qui, ainsi que nous l'avons vu, est pessimiste en tout point par la nature de ses pensées, devient tout à coup optimiste à la fin de son œuvre, lorsqu'il considère l'esprit humain comme réellement apte à résoudre le problème et qu'il attend de cette solution l'affranchissement de tous les embarras que nous avons exposés précédemment. Il ne peut être douteux pour nous un seul instant qu'il se trompe dans cette croyance. Mais nous ne pouvons non plus douter un seul instant que l'anéantissement de l'État, de l'Église et de la société ne puisse nullement être arrêté ainsi. Nous sommes d'accord avec l'auteur sur la généralité des points sur lesquels il s'appuie pour considérer le présent et l'avenir; nous attribuons la même valeur aux intérêts intellectuels dont il pense que dépend le bien-être de l'humanité; nous sommes bien loin de méconnaître la grandeur et la valeur de l'antithèse qu'il fait ressortir, et nous comprenons toute l'importance de la lutte intellectuelle et scientifique qui s'attache à l'idée de Dieu considérée comme principe fondamental de toute la lutte de l'évolution du présent et de l'avenir : mais les conséquences philosophiques que nous pouvons tirer de nos idées ne vont pas assez loin pour faire dépendre de la solution d'une seule question la continuation de l'existence ou l'anéantissement des nations. La solution tout à fait définitive de cette question est généralement impossible, et, dans les recherches de l'esprit humain sur ce sujet, il ne peut être question que de savoir jusqu'à *quel point il est possible d'approcher de la vérité*. Nous arrivons ainsi au second point, sur lequel l'auteur de « la critique de l'idée de Dieu » se trompe par suite de ses idées préconçues en philosophie. Nous considérons avec lui comme possible que l'absolutisme déiste triomphe et que l'humanité tombe ainsi, peut-être pour toujours, dans un certain état de barbarie intellectuelle ; mais nous ne considérons pas comme possible que, si l'opposé a lieu et si les hommes reconnaissent que ceux qui cherchent ce que c'est que Dieu, doivent le chercher non à l'extérieur, mais dans le monde et en eux-mêmes, l'humanité sera ainsi « abandonnée à un bouleversement moral et à une anarchie sociale dont il ne pourra, dans le cas le plus favorable, se sauver que par un despotisme inhumain ». Ce que l'auteur oppose à « l'absolutisme déiste » sous le nom de « radicalisme panthéiste » est synonyme de liberté, civilisation, progrès et connaissance exacte de la nature et de l'histoire : or on n'a jamais vu dans l'histoire que de pareils biens aient rendu un peuple malheureux d'une manière persistante. Assurément, l'auteur a raison lorsqu'il dit que « les liens qui nous rattachent avec l'histoire des temps antérieurs à nous seraient ainsi tranchés »; mais l'hypothèse que cela serait un malheur pour l'humanité peut être admise seulement par celui qui considère l'histoire à travers les lunettes teintées à priori des philosophes et qui la connaît principalement d'après les systèmes et les épigraphes. Nous sommes aussi, du reste, en parfait accord avec l'auteur sur ce point que l'oscillation entre les deux extrêmes devrait nous emporter par sa propre force si la lutte des antithèses, que nous avons appris à connaître, devait durer encore longtemps sans arriver à aucune décision, ni à aucun résultat. De même que l'homme isolé, la communauté s'épuise et se consume dans une lutte intellectuelle qui ne lui laisse aucun repos et qui ne le conduit à aucun résultat. Mais il ne nous paraît précisément pas y avoir la moindre perspective de réalisation de cette troisième hypothèse envisagée par l'auteur comme possible : au contraire, toutes espèces de signes indiquent une solution imminente. Nous croirions à la possibilité d'une issue pacifique si nous pensions qu'il fût possible que les gens qui, dans l'état et dans le clergé, tiennent la puissance dans leurs mains, pussent, au lieu de suivre la même route qu'actuellement, suivre une route intermédiaire entre les deux extrêmes.

Mais cela présente des difficultés insurmontables. Préparons-nous donc à un avenir qui doit avoir pour lot la lutte la plus fatale que l'histoire ait peut-être jamais vue.

Expliquons enfin comment nous accordons à l'auteur notre assentiment en ce qui concerne le jugement qu'il émet sur la *philosophie scolastique*. « C'en est fait de la philosophie scolastique », dit-il, « son obscurité, son esprit de corps, ses jeux d'esprit avec ses mots techniques à moitié clairs, obscurs ou tout à fait sans valeur, l'a ruinée dans l'esprit des nations ». Suivant l'auteur, elle a, dans tout ce qui concerne sa partie *panthéiste*, reculé bien avant Spinoza ; mais, dans sa partie *théiste*, elle n'a pas dépassé Leibnitz. « Ce dont nous avons besoin, » s'écrie-t-il, « c'est de la lumière, de la lumière claire et pure, de la lumière pour tous ceux dont les yeux peuvent la supporter. » Assurément, t c'est pour cela que nous avons besoin d'une autre philosophie que la philosophie actuelle : en effet cette dernière ne pouvait prospérer que dans l'obscurité. Dans l'époque actuelle, on reproche très-vivement aux sciences naturelles de combattre la philosophie ou du moins de vouloir la rejeter dans certaines limites. Si les philosophes eux-mêmes n'en agissent pas différemment envers leurs écoles distinctes — qu'y a-t-il alors d'étonnant ! Des tendances philosophiques de l'auteur et de sa manière de tirer les conséquences dont il ne pouvait pas triompher par lui-même, nous avons conclu qu'il était lui-même philosophe, bien que, par cela même, il n'ait pas eu la peine de se nommer. Son absence de prévention en faveur des écoles philosophiques, aussi bien que sa clarté sans affectation, méritent donc d'autant plus d'être signalées. Encore une fois, en ce qui concerne les sciences naturelles, elles combattent, non la philosophie, mais les philosophes et leur obscurité spéculative, qui ne paraissent pas se soucier des faits, ni de l'expérience, ainsi qu'on peut le lire en réalité à chaque page des ouvrages philosophiques. Les relations des sciences naturelles avec la philosophie sont du reste généralement du nombre des questions scientifiques les plus intéressantes et les plus importantes que l'on puisse examiner, et nous essayerons dans un mémoire ultérieur de donner notre opinion sur ce sujet.

III

LES POSITIVISTES OU UNE NOUVELLE RELIGION
(1856)

> L'amour pour principe,
> et l'ordre pour base ;
> le progrès pour but.

« Réflexions synthétiques, au point de vue positiviste, sur la philosophie, la morale et la religion. Court aperçu de la *religion positive* ou *religion de l'humanité*, la plus religieuse et la plus sociale de toutes les religions, la seule susceptible de devenir générale et qui, par conséquent, deviendra un jour systématisée ou fondée par Auguste Comte. Deuxième édition. Lahaye, 1856, ou dans la soixante-huitième année de la grande crise » tel est le titre remarquable d'un livre écrit en langue française qui porte pour devise la sentence suivante : *Diis extinctis, Deoque, successit humanitas* (après l'extinction des Dieux et de Dieu, l'humanité leur succède) et qui a pour but de faire connaître les opinions et les doctrines des soi-disant positivistes et d'en faire l'apologie. L'auteur, de ce livre est M. Willem, baron de Constant Rebecque, dont le nom se trouve à la fin de la préface : il habite (1856) à la Haye en Hollande, et est le neveu du célèbre écrivain et conseiller d'État français, Henri Benjamin Constant : son livre est paru « aussi en langue hollandaise en 1857 à la librairie des frères Van Cleef à Lahaye : mais son contenu est assez intéressant pour mériter que, dans ses traits généraux, il soit connu également dans une sphère plus étendue, d'autant plus que le système religieux et philosophique qui s'y trouve exposé est précisément à peine connu, même de nom, en Allemagne. L'auteur même range, d'après Comte, les cinq grandes nations civilisées de l'Europe, *France, Italie, Espagne, Angleterre* et *Allemagne*, dans un ordre déterminé qu'elles tiennent relativement au positivisme et dans lequel la dernière place est assignée à l'Allemagne protestante. Cependant il doit avoir été conduit à lui donner cette place par d'autres considérations que sa médiocre estime pour l'esprit allemand : en effet, il se montre tout à fait plein d'affection et de confiance pour la littérature allemande et son livre est plein de citations tirées des poëtes et des écrivains allemands. La raison de ce que, dans cette série, les nations catholiques sont surtout placées au rang le plus élevé, peut provenir de ce que le catholicisme est considéré par les positivistes, comme organique et comme s'accordant, mieux que le protestantisme, avec le positivisme. Le fondateur du *positivisme* ou *religion positive*, ou *religion de l'humanité*, est Auguste Comte, français, né à Montpellier le 19 janvier 1798, mort à Paris le 5 septembre 1857, après une vie remplie de souffrances et de persécutions. Le mot « positif » doit être pris ici dans un sens plus étendu que le sens ordinaire, certain, utile, réel; il doit en outre signifier social, sympathique et être un adjectif qualificatif pour l'humanité en général : il a été choisi, en l'absence d'un meilleur, pour désigner son système, par Auguste Comte qui, assurément, cherche à baser tout ce système sur la réalité. Comte même, dont le portrait se trouve en tête du livre que nous examinons ici et à qui l'auteur le dédie, est placé par ses adhérents, à côté de Gall, l'inventeur des fonctions du cerveau, comme étant l'homme le plus grand du siècle. Comte a écrit des ouvrages nombreux et variés, un *Cours de philosophie positive,* en six volumes 1830-1844 (1); un *Système de politique positive* en 4 volumes, 1851-1854; un *Discours sur l'ensemble du positivisme* en 1 vol. 1848; un *Catéchisme positiviste* en 1 vol. 1852, et plusieurs autres œuvres parmi lesquelles nous citerons des ouvrages sur la *géométrie analytique* et l'*astronomie populaire*. Les mathématiques paraissent avoir été sa branche spéciale de connaissances, et c'est probablement par ce motif que tout le système présente un caractère un peu mathématique et numérique. Il existe à Paris une *société positiviste* qui a publié plusieurs rapports dans lesquels, entre autres, la république française de l'année 1848, la question du travail, etc., etc., sont examinées au point de vue positiviste : cette école philosophique possède même un nombre assez grand de livres spéciaux. En Italie, en Angleterre, en Hollande et en Amérique, sont parues par parties ou sont près de paraître des traductions des écrits de Comte, et le système positiviste compte dans tous ces pays un grand nombre de personnes qui y adhèrent et qui en font profession. En France même, M. E. Littré, cet académicien bien connu, savant naturaliste et éminent archéologue, a publié, de 1844 à 1850, une série d'articles sur le positivisme qu'il a plus tard réunis en un volume (Paris, 1852. Ladrange) (2).

---

(1) Une deuxième édition a été publiée récemment (Paris 1864) en six volumes et augmentée d'une préface, par E. Littré et d'une table alphabétique des matières.

(2) Une exposition détaillée du système et de la vie d'A. Comte se trouve dans le livre de celui qui a été son médecin et l'un de ses treize exécuteurs testamentaires : *Notice sur l'œuvre et la vie d'Auguste Comte*, par le docteur Robinet. Paris, Dunod, 1860; 2ᵉ édition, 1864

Du reste, Comte a vécu assez peu remarqué pendant de longues années et assez peu connu dans sa patrie, parce que les théologistes, pas plus que les savants et les métaphysiciens, ne lui étaient sympathiques et que le peuple ne le connaissait pas.

Comme les principaux précurseurs d'A. Comte, dans l'histoire de l'esprit humain, qui ont mérité, par cette raison, de servir à la préparation de son système, on doit citer, suivant les positivistes, Aristote, saint Paul, saint Thomas d'Aquin, Roger Bacon, Dante, Bacon de Verulam, Descartes, Leibnitz, Fontenelle, Diderot, Hume, Kant, Condorcet, Joseph de Maistre, Bichat, Gall. Une réunion qui, assez mêlée, présente du moins cet avantage qu'aucune discussion d'antériorité de rang ne peut s'y produire. En réalité, cette liste devrait, suivant Constant Rebecque, être fermée par le nom du comte de Saint-Simon dont Comte a été, pendant longtemps, un des élèves les plus intimes jusqu'en 1824, époque à laquelle il s'en est séparé et est passé à une inimitié formelle de l'homme et de sa doctrine. L'histoire de l'esprit humain lui-même parcourt trois grandes phases ou trois gradations philosophiques

---

dans lequel les faits qui se sont passés après sa mort, et ses rapports avec Saint-Simon et le saint-simonisme, sont examinés. « La théologie et la métaphysique, » dit Robinet dans son livre (p. 17, 2ᵉ édit.) « ne seront éliminées, l'ancien régime ne sera détruit, la révolution ne sera close que quand les opinions, les mœurs et les institutions auront été régénérées par l'action du positivisme et que le culte de Dieu sera définitivement remplacé par le culte de l'humanité. » Suivant Robinet, la capacité intellectuelle de Comte lui-même était aussi étendue que la bonté de son cœur était grande. — On peut, du reste, aussi confronter ce que je dis ici du positivisme avec les mémoires de M. de Lombrail : *Exposition sommaire du positivisme*, dans la *Revue philosophique et religieuse*, 1857, livraisons de juin et de septembre, et les mémoires de A. Erdan, dans *La France mystique*. Amsterdam, 1858, t. II, p. 148, sous le titre : *Les positivistes*, etc., etc. (*Remarque de l'auteur.*)

qui doivent se répéter dans le développement et dans l'instruction intellectuelle de chaque homme pris isolément : et en effet la trialité joue un grand rôle dans le système disposé en tableaux. Ces trois phases comprennent : 1° la religion proprement dite, ou théologie ; 2° la métaphysique ; 3° le positivisme ou la phase de la science exacte. C'est dans cette dernière phase que nous nous trouvons nous-mêmes. Ce fait que cette phase ne peut être atteinte que tardivement et peu à peu, réside dans sa nature même : en effet la découverte des lois qui servent de base à la science exacte, suppose des observations nombreuses et difficiles et un perfectionnement de la science positive qui ne peut pas exister à l'origine. Toutes les idées que nous pouvons nous assimiler, doivent aussi passer par ces trois phases. L'esprit de la dernière phase, ou esprit positiviste, se développe déjà depuis que l'homme s'est associé en familles. Il est susceptible d'un développement illimité et, dans le principe, n'est pas autre chose que la simple expansion de l'homme bien portant. L'homme a pour tâche d'appliquer toutes ses forces au perfectionnement physique, intellectuel et moral du genre humain, et à un point de vue purement terrestre. Comte n'a voulu ici, suivant Rebecque, fonder en aucune manière une nouvelle doctrine : il a trouvé seulement le moyen d'obtenir la guérison de l'anarchie morale et intellectuelle de notre siècle, de fermer l'ère des révolutions et de mettre un terme à la grande crise dans laquelle les populations civilisées de l'Europe se trouvent depuis la révolution française ou, à proprement parler, depuis le commencement de la décadence du catholicisme il y a cinq siècles. Cette guérison doit s'opérer par une renaissance intellectuelle et sociale, et dans la religion qui est désignée sous le nom de religion de l'humanité, religion positive ou religion universelle de l'avenir, — dans laquelle, en tous cas, le mot « Religion » est pris dans un sens très-étendu et différent du sens ordinaire, et doit désigner une unité ou une harmonie générale de notre être, à la fois personnelle et sociale, indépendante originairement de toute croyance spéciale et contenant la portion généralement bonne de toutes les religions. L'idée même n'est pas neuve, mais elle est très-ancienne, et un grand nombre d'hommes éminents que Comte a réunis dans *un calendrier positiviste* spécial dans lequel presque tous les hommes célèbres de l'histoire trouvent place, ont travaillé et travaillent à son développement et à sa réalisation. Le triomphe du positivisme une fois admis, la métaphysique et la théologie se réunissent en une même classe avec l'astrologie et l'alchimie; elles ne possèdent plus alors qu'une valeur historique, en ce sens qu'elles ont positivement préparé la voie au positivisme. Il y a un livre dans lequel le positivisme existe déjà à l'état latent depuis des siècles, un livre coûteux que l'on appelait autrefois le *livre d'or* et dont, suivant les renseignements de Rebecque, Comte et un grand nombre de positivistes lisent un chapitre chaque jour. Ce livre est l'*Imitation de Jésus-Christ*, de Thomas A Kempis, livre bien connu. En général, il n'est pas rare de pouvoir démontrer un enchevêtrement du système positiviste avec les dénominations et les idées chrétiennes. Ainsi, par exemple, il a été proposé, dans le système positiviste, d'imposer à l'humanité subjective, ou humanité proprement dite, le nom de la sainte Vierge; ce qui, suivant Rebecque, doit, d'une part, être considéré comme un remercîment des services rendus par le catholicisme, et, d'autre part, provenir de ce que ce nom, à la fois mâle et femelle, appartient à l'ensemble de la famille. Du reste, le rapport du positivisme avec le christianisme ne paraît pas être très-amical. En effet il se trouve en polémique avec l'égoïsme chrétien, celui qui dit avec saint Paul : « Ne nous considérons sur la terre que comme des étrangers et des exilés » et qui affirme que sous l'empire d'un système de religion métaphysique et théologique, le sentiment religieux en est arrivé à la bigoterie et au fanatisme, et a produit l'orgueil, l'hypocrisie, le mensonge, l'envie, la jalousie, la paresse; qu'en outre il a été la cause d'un grand nombre de crimes, de guerres, d'actions infâmes. Le positivisme ne veut d'aucun dogme religieux analogues à ceux du christianisme, et se montre en parfait accord avec l'expression de Kant :« La mort du dogme est la naissance de la morale. » Si le positivisme possède un dogme, ce dogme ne s'appuie pas sur la théologie ou la métaphysique, mais doit être considéré comme ayant sa base fondamentale dans les sciences positives : sa morale a donc le même point de départ et ne s'appuie pas simplement sur le raisonnement ou l'empirisme. — La *Bible* est un livre qui n'a de valeur que pour son époque, mais qui, en dehors de cela, est nuisible et ne doit, dans un État coordonné d'après les idées positivistes, être lu que par les prêtres. Le protestantisme est, d'après les principes admis par les positivistes, un grand progrès historique sur le catholicisme; le positivisme doit reprendre le programme du moyen âge, pour le renouveler dans un sens bien préférable, en résumant en un tout homogène toutes les conquêtes physiques, intellectuelles et morales du genre humain.

Relativement au rapport de la religion positive avec les idées philosophiques et religieuses sous l'empire desquelles nous nous trouvons actuellement, on peut — et en cela réside son côté le plus étonnant et le plus digne d'être remarqué, en regard des courants spiritualistes de l'époque — on peut considérer la philosophie positive comme étant *athée, matérialiste* et *sensualiste*. Ce que l'on désigne, dans l'époque actuelle, sous les noms de *Dieu*, de *Créateur*, de *Providence*, d'*Éternel*, etc., etc., ne représente, suivant la philosophie positive, que des figures de théologie métaphysique, des artifices de logique, des hypothèses qui, à l'origine, pouvaient bien être nécessaires pour expliquer les configurations qui nous entourent, mais qui ne sont plus nécessaires actuellement. Ce qui doit remplacer le Dieu d'autrefois, c'est actuellement l'*humanité*, ou, à un point de vue général, l'*amour de l'humanité* (amour et vérité) d'où provient tout ce qui est bon en nous, vie, puissance, talents, culture de l'esprit, tendresse, courage, etc., en général par l'intermédiaire de nos aïeux. Dieu n'est qu'une représentation humaine, douée d'attributs humains, qui doivent être rendus à l'humanité. Contre l'existence d'un Dieu vient témoigner la *loi* dite *de causalité*, ou la question de l'origine de Dieu et la circonstance que tout est réglé par des lois immuables. « Tandis que la foi théologique explique toujours le monde et l'homme par l'intervention divine, multiple ou unique, la foi positive, au contraire, enseigne que tous les événements propres au monde ou particuliers à l'homme se produisent d'après des relations invariables appelées *lois*. » (Robinet, *Notice...*, p. 17.) L'homme n'est pas une création de Dieu, mais Dieu est une création de l'homme (1). Dieu est désigné comme un être imaginaire, auquel les positivistes substituent un être réel. L'être le plus élevé que nous puissions concevoir, est l'humanité elle-même combinée avec l'amour

---

(1) Un écrivain allemand d'une époque plus récente a dit dans le le même sens : « Le Dieu du théiste ne crée pas le monde, mais le théiste crée Dieu. » (*Remarque de l'auteur.*)

général de l'humanité, et le soi-disant *athéisme* ne présente aucun rapport avec l'irréligion et l'impiété (1). Toutefois les positivistes reconnaissent un soi-disant *Grand-Être*, mais qui, assurément, ne présente que peu de rapport avec ce que nous sommes communément dans l'habitude de comprendre sous le nom de Grand-Être ou d'Être suprême. Ce *Grand-Être* est plutôt de nature essentiellement humaine, et, si nous n'avons pas compris inexactement ce que l'auteur en rapporte, il paraît désigner la réunion de tous les êtres pensants ou même de toutes les grandes pensées, sensations ou actions des hommes, aussi bien de ceux des temps passés que du temps présent et des temps à venir. Le *Grand-Être* se rajeunit continuellement à chaque génération nouvelle, et les créatures prises isolément ne sont que ses organes ou ses serviteurs passagers. Cependant on peut, par de grandes pensées ou de grandes actions, devenir son organe permanent ou persistant. « Chaque vrai serviteur du *Grand-Être*, » dit Robinet, p. 34, « présente, en effet, deux existences successives : l'une qui constitue la vie proprement dite, est

(1) La preuve de l'exactitude de cette hypothèse a déjà, comme tout le monde le sait, été indiquée depuis longtemps d'une manière éclatante par un auteur français, Bayle. Bayle rapporte qu'à l'époque des guerres de religion en France, des hommes au sujet desquels il était connu qu'ils menaient une conduite d'une moralité sévère, étaient soupçonnés d'hérésie et d'athéisme, et étaient considérés comme mauvais catholiques. Et, d'autre part, Alexandre Büchner, dans ses « Esquisses de littérature française » (*Französische Litteraturbilder*, 1858) rapporte, en parlant des encyclopédistes français du xviiie siècle que, bien que, en théorie, ils fussent pour la négation matérialiste de Dieu, cependant, dans la pratique de la vie ainsi que dans les réformes de politique sociale qu'ils proposaient, ils se rattachaient à une *doctrine de morale sévère et souvent très-spiritualiste*, qui formait un contraste singulier, mais salutaire, avec la corruption morale de la société française contemporaine.

(*Remarque de l'auteur.*)

temporaire, mais directe; l'autre, qui ne commence qu'après la mort, est permanente et indirecte. » Ainsi la vie corporelle, temporaire, de tous les grands hommes, n'était limitée qu'à un très-petit point, tandis que leur vie permanente, incorporelle, s'étend à l'infini suivant l'accroissement de l'influence de leurs œuvres et de leurs actes. Le *Grand-Être* paraît donc représenter une conception, issue des œuvres générales de l'humanité de tous les temps, et, en même temps personnifiée. « Le *Grand-Être* d'une part, et d'autre part la terre, qui lui sert de théâtre, tels sont les objets réels accessibles à notre savoir, et qui ne laissent place à aucune intervention extérieure ou surnaturelle. » (Robinet, p. 33.) L'ensemble de la religion positive doit donc être considéré comme une réduction positive des choses *divines* à l'état de choses *humaines*, et non plus seulement au point de vue *théorique*, mais, comme nous le verrons plus loin avec détail, à un point de vue entièrement *pratique*. — Gall, à quelque hauteur qu'il soit placé dans l'esprit des positivistes, a cependant commis de nombreuses erreurs, notamment celle d'avoir affecté un organe cérébral spécial à la notion de Dieu et de la religion! Il ne peut en exister de pareil, et Comte considère cette idée comme une « absurde énormité ».

La religion des positivistes est *matérialiste*, en tant qu'elle considère toutes les choses de l'esprit sur la terre comme inséparables de la matière, même la conscience. Ce qui existe hors de la matière, ce qui existe ailleurs ou ce qui existait antérieurement à elle, nous ne le savons pas, et, par suite, cela ne nous intéresse pas. Le monde n'a pas été fait pour l'homme ; mais l'homme est dominé par le monde et par ce qui l'entoure. On peut imaginer le monde sans les hommes, mais non les hommes sans le monde.

Enfin le positivisme, partant des idées *sensualistes*, rejette tout ce qui est naturel et abstrait, et se prononce en faveur des deux plus grandes lois qui aient été découvertes dans le ressort de l'esprit humain : l'une, trouvée par Aristote et confirmée par Gall et par Broussais : *Nihil est in intellectu quod non fuerit prius in sensu*, — et l'autre, trouvée par Comte, par laquelle toutes nos idées doivent passer par les trois gradations de la théologie, de la métaphysique et du positivisme.

En ce qui concerne la question de *perpétuité*, la religion positive ne paraît en admettre une que par les bonnes œuvres que l'on effectue pendant sa vie, et qui seront transmises ultérieurement des vivants à ceux qui viendront après eux de la même manière qu'elles ont été transmises de ceux qui sont morts à ceux qui sont vivants. Les êtres pris isolément sont les organes de l'humanité, et, dans ce sens, sont impérissables. Leur seconde vie durera autant que l'existence de notre planète et la coordination de notre système solaire. La vie, prise isolément, n'est rien par elle-même, mais elle est une partie constituante de la vie commune qui est sujette à un progrès incessant : en effet, les vivants sont de plus en plus sous la domination des morts qui constituent la meilleure partie de l'humanité, prise à un point de vue général, ou du *Grand-Être*. « Telle est la noble perpétuité que le positivisme reconnaît à l'âme humaine, c'est-à-dire à l'ensemble des facultés morales, intellectuelles et pratiques qui caractérisent chaque serviteur de l'humanité » (Robinet. p. 35). En général, la vie prise isolément, ou la vie de l'individu, ne présente rien d'effectif qui soit d'accord avec la nature, mais constitue une abstraction, d'où il ressort, par exemple, que l'enfant ne parle pas spontanément à la première personne et qu'il ne parle que peu à peu après l'avoir appris. La mort n'est qu'une métamorphose de la matière : elle est nécessaire pour perpétuer le *Grand-Être*.

Ce n'est pas dans un « ciel illimité et glacial » qu'il ne peut déjà plus nous procurer dans le sens de la doctrine de l'immortalité, puisque nous nous y trouvons déjà d'après les observations astronomiques, mais en nous-mêmes que nous devons chercher et trouver le contentement, mais dans l'association intellectuelle qui nous rattache pour toujours à ceux qui sont morts et à ceux qui viendront après nous. « On peut comprendre alors, comment la conception positive de la vie future, outre qu'elle est la seule vraie, devient éminemment féconde et bienfaisante, puisqu'elle peut servir de récompense aux morts, et de consolation aux survivants, mieux que ne le fit jamais la croyance théologique, nécessairement égoïste et chimérique. » (Robinet, p. 62). — Le *but* de notre vie est notre perfectionnement physique, intellectuel et moral, dans la pensée de vivre d'abord *pour* les autres, puis *dans* les autres et *par* les autres. Il n'y a pas de but extérieur dans le monde : toute existence est son but à elle-même.

Relativement à la question de savoir quelle est l'essence propre de « la religion positive », nous répondrons en peu de mots qu'elle paraît être un système de *morale pratique*, mais avec des dispositions sacerdotales particulières et une forme socialiste de politique et de société, dans laquelle la science, la philosophie et la religion se réunissent de nouveau en une seule et même chose, comme cela existait en partie dans les premiers commencements de la civilisation. Le but de cette morale consiste dans la reconnaissance et la pénétration de l'*amour de l'humanité pris à un point de vue général*, d'après une réglementation préalable et une transformation des penchants égoïstes de l'homme, et la base fondamentale de la morale des positivistes, le fondement de tous leurs devoirs, réside dans la belle maxime : *Vivre pour autrui*. Parmi tous les efforts de l'esprit humain, la *morale* est le premier et le plus élevé, et tout autre ne sert qu'à le perfectionner. La *morale* est tout à la fois un art aussi bien qu'une science. La grandeur personnelle de l'homme réside donc aussi dans le cœur et dans son développement dans le sens de l'humanité représentant le développement de nos instincts sympathiques ou de nos tendances sociales. Parmi les instincts que l'homme possède en effet par lui-même, il y en a *sept égoïstes* et *trois sociaux*. Par le positivisme, ses dispositions et le système d'éducation qu'il prescrit, la nature humaine doit être transformée peu à peu relativement aux fonctions cérébrales, de telle manière que les instincts égoïstes perdent la supériorité et se transforment exclusivement en instincts contraires, c'est-à-dire en vertus et en tendances sociales. Par cette transformation, l'homme passe d'une existence idiolâtrique peu susceptible de sentiments généreux à l'existence la plus active, la plus éclairée et la plus affectueuse. Nous devons toujours nous efforcer de remplacer les instincts égoïstes par des instincts sociaux, et lorsque nous y avons entièrement réussi, nous arrivons à une harmonie intérieure de tous nos faits et actes, et, par suite, à un état d'incomparable bien-être, garanti par la jouissance que nous trouvons dans l'*amour*. Le plus grand plaisir qu'il y ait, est l'amour pour autrui (l'*altruisme*) : on ne se lassera jamais d'aimer. Aimer est plus qu'être aimé ; donner est plus que recevoir. L'homme le plus religieux est celui qui est le plus rempli d'amour, qui agit d'après cela et qui donne à toutes ses actions un but social et *humain :* l'idéal des positivistes est donc *aimer*, *penser* et *agir* simultanément. « En résumé », ainsi s'exprime en termes inspirés Robinet (p. 37), à la fin d'un chapitre sur la théorie de l'humanité relativement à cet idéal le plus élevé du positivisme, « l'humanité est un être bien réel, dont la nature composée fit longtemps méconnaître l'existence, aujourd'hui scientifiquement établie : c'est le seul vrai Grand-Être, le seul véritable Être suprême ! immense, puisqu'il couvre le monde ; éternel, puisqu'il embrasse à la fois le passé, l'avenir et le présent ; tout-puissant, parce qu'aucune action intelligente ne peut se comparer à la sienne. C'est de l'humanité surtout que dépendent nos destinées ; c'est elle qui nous protége contre les fatalités extérieures ou intérieures, qui nous défend contre le mal physique, qui nous fortifie contre le mal moral. C'est elle qui diminue pour nous le poids des imperfections naturelles et qui en adoucit l'amertume ; c'est elle dont l'action tutélaire, seule providence de notre terre, nous éleva graduellement des misères de l'animalité aux charmes et à la grandeur de la vie sociale. En elle est notre appui, en elle est notre force, en elle notre consolation, notre espérance et notre dignité ! Elle est la raison de notre devoir, la condition de notre bonheur, et le salut du monde dépend de son avénement immédiat. »

La religion positiviste ne veut du reste pas seulement être *morale*, mais elle comprend généralement en elle-même (dans le sens étendu des positivistes) tout ce qui est du ressort de l'intelligence et de la sensibilité humaine, en le répartissant en trois subdivisions : 1° morale et poésie ou domaine du beau ; 2° philosophie et science ou domaine du vrai ; 3° politique et industrie ou domaine du bon, correspondant aux trois grandes fonctions du cerveau : *sensibilité, intelligence* et *volonté*; ou aux trois idées fondamentales : *amour, pensée, action*, qui sont les fonctions des trois grandes subdivisions ou groupes d'organes du cerveau dont les places respectives sont *au milieu et en haut, en haut et en avant, en bas et en arrière.* La religion positive reconnaît deux *révélations* de son principe ou de l'humanité en général, l'une par le *Grand-Être* ou l'ensemble des âmes mortes, l'autre par la *femme*, qui est la représentation la plus vraie et la plus harmonieuse de l'humanité ou la personnification la meilleure et la plus harmonieuse de l'idéal le plus élevé que l'homme puisse se proposer. En général, la femme paraît ainsi appelée à jouer un rôle considérable dans la société positiviste : elle est le seul être devant lequel le positiviste plie le genou. Comme étant l'expression la plus pure de l'humanité, elle est le meilleur intermédiaire entre l'Être suprême et l'homme pris isolément.

La *société* positiviste est fondée sur des bases *sociales*. Les problèmes qu'elle se propose de résoudre sont la *régénération de l'instruction* et l'*organisation du travail*. Dans l'instruction, doivent se représenter les trois gradations bien connues de l'histoire : l'instruction doit être *théologique* jusqu'à sept ans, *métaphysique* jusqu'à quatorze et ensuite *positiviste* jusqu'à vingt et un ans. Pour lui venir en aide, on doit rechercher et exposer *expérimentalement* les lois que suivent les actes de l'esprit, du cœur et du caractère, pour pouvoir procéder avec sûreté à la recherche de la vérité, adoucir le cœur et ennoblir le caractère et trouver des bases durables, sur lesquelles on puisse s'appuyer pour arriver à la terminaison de la grande crise et de l'anarchie qu'elle a occasionnée. *Tous ont un droit égal à la culture de l'esprit jusqu'à un certain degré.* Ce qui dépasse ce degré, est du ressort du *sacerdoce* qui se consacre au service de l'humanité et du genre humain et dont la tâche est de tout apprendre et de tout expliquer. Un tel *sacerdoce* est nécessaire parce que, suivant l'opinion des positivistes, aucune société ne peut se développer entièrement et aucune religion ne peut même exister sans une puissance sacerdotale. Du reste, dans la religion de l'humanité, tout prêtre doit renoncer à toute richesse et à toute grandeur personnelle : il ne doit agir que pour l'ensemble de la société humaine, il est l'interprète et l'organe immédiat du *Grand-Être*, et sa fonction principale est l'instruction. « Les prêtres de l'humanité ne possèdent donc et n'héritent point, fût-ce même de leur propre famille et, de plus, il leur est interdit de tirer aucun profit de leurs travaux quelconques, de leurs leçons ou de leurs livres. Leur service est entièrement gratuit ; c'est pourquoi la classe contemplative doit être nourrie, matériellement soutenue par la classe active » (Robinet, p. 79). Aux adhérents coupables, ils infligent les admonestations et différents degrés de blâme jusqu'à l'excommunication. Ils sont sous la direction d'un chef suprême, le *Grand-Prêtre de l'humanité*, dont le siége éternel est à Paris, etc., etc. (Robinet, p. 79 et suiv.).

Relativement à la prétention de la religion positive, de n'être pas seulement un système de morale pratique, mais d'être une religion et une église réelles, ou du moins de s'efforcer d'être telle par l'assentiment commun que lui apporteront un grand nombre d'adhérents, c'est un fait qui peut être démontré aussi par cette raison qu'elle possède un culte dont une partie est privée et l'autre partie publique — qui, suivant Robinet (p. 74), « est une idéalisation continue de la vie humaine, une culture permanente de la sociabilité. Du berceau jusqu'à la tombe, il développe notre *altruisme* (amour des autres). » On peut adresser des prières à l'humanité comme on en adressait à Dieu jusqu'ici, bien que d'une toute autre manière. « On ne peut demander au nouveau *Grand-Être* que de nobles progrès spirituels, sans aucun accroissement matériel de richesse ou de puissance, qu'il serait aussi absurde qu'immoral d'attendre de lui » (Robinet, p. 63). En général, toutes nos idées peuvent être le but de nos prières et elles peuvent être personnifiées sous la forme d'une divinité femelle ou d'une divinité mâle pour ceux qui ont encore besoin d'une pareille expression extérieure de leur vénération. Le positivisme reconnaît aussi des *anges* et des *anges gardiens* : ils sont la personnification de conceptions idéales, comme par exemple l'idée du bien, du vrai, du beau, et sont l'objet d'un culte particulier dans la religion de l'humanité. Les trois anges gardiens de notre cœur et de notre esprit sont l'*attachement*, la *vénération*, la *bonté*, qui sont les équivalents des trois instincts sociaux de la nature humaine que nous avons déjà indiqués. Les positivistes prient donc (d'après le rapport de Rebecque, A. Comte lui-même priait trois fois par jour), puisqu'ils invoquent leurs principaux anges gardiens. Un *Français*, nommé Longchampt, a composé un livre de prières au point de vue positiviste (1), qui contient pour chaque jour de la semaine des prières à l'usage de la famille. Ces prières sont d'abord consacrées aux cinq grandes combinaisons fondamentales qui élèvent le cœur des positivistes jusqu'à l'amour de l'Être suprême et de l'humanité, savoir l'amour filial, l'amour fraternel ou fraternité, l'amour des époux ou amour conjugal, la sainte paternité, les soins du ménage ou la domesticité. Les deux ordres de prières qui suivent encore, concernent la femme et l'humanité. Il existe aussi un *culte personnel* dont toutefois les prières ne peuvent être soumises à aucune formule générale, parce qu'elles varient suivant les personnes et leur âge. Le *but* de la prière est *double* : en premier lieu, elle doit

---

(1) Joseph Longchampt, *Essai sur la prière*. Lyon, 1852.

servir à notre amélioration, en développant nos tendances altruistes et refoulant au contraire nos tendances égoïstes, et, en second lieu, elle doit apporter son concours à l'œuvre du Grand-Être.

La *politique* positiviste est une politique de paix et d'amour qui substitue à l'idée surnaturelle du *droit* l'idée naturelle du *devoir*, à l'idée de guerre l'idée d'industrie, et possède pour devise le principe spécial : « Vivre au grand jour. » Les peuples devront être reliés par un lien commun, le lien d'un amour et d'une sympathie considérés d'un point de vue général, ainsi que d'une croyance commune, fondée sur une philosophie morale et naturelle : la guerre et en général toute discussion sur des questions politiques devront alors disparaître. Du reste, les positivistes ne veulent ni système démocratique, ni révolution, ni droit de suffrage, mais ils paraissent vouloir une domination de l'esprit ou du moins une tendance générale à se rapprocher, non pas seulement de ce que nous appelons ordinairement l'esprit, mais d'une doctrine fondée sur l'amour et la vérité positives. Cette idée doit conduire à une enrégimentation intellectuelle et spirituelle des peuples, semblable à celle du pape dans la bonne phase de la papauté, mais elle est destinée assurément à un autre but que celui que le pape voulait atteindre. Aux peuples convient une obéissance et une soumission volontaires, provenant d'une croyance basée sur la conviction, et d'une confiance dans le désintéressement d'un état plus humain, ou plus civilisé, de la *maîtrise* positive, et du respect pour le degré plus élevé de son savoir. Même l'esprit le plus petit et le plus faible peut de cette manière participer à la totalité des conquêtes intellectuelles, acquises par le travail des siècles antérieurs. Le positivisme reconnaît à tous les hommes un droit égal, c'est-à-dire le droit de remplir des *devoirs* mesurés à ses facultés. En effet, l'idée métaphysique et théologique du *droit* doit disparaître du ressort de la politique comme l'idée de *cause originelle* doit disparaître du ressort de la philosophie. Sous l'empire de la doctrine positive, tous doivent tout comprendre clairement, bien que souvent d'une manière seulement superficielle, parce que cette doctrine, ainsi que nous l'avons déjà indiqué, n'est que le simple agrandissement ou la simple extension de l'intelligence de l'homme à l'état de santé. La seule différence entre le sacerdoce et les autres états réside seulement dans le degré de développement scientifique et moral, et, par suite, dans le ressort de la politique, on peut compter une sorte d'intermédiaire entre l'aristocratie et la démocratie, que A. Comte nomme *sociocratie*. « L'humanité à notre époque est encore dans l'enfance et ne commence que maintenant à devenir partiellement majeure. Depuis son origine, les instincts égoïstes et les besoins personnels par lesquels elle a été dirigée jusqu'ici, se transforment continuellement et peu à peu en moteurs sociaux, et, lorsqu'on réfléchit à ce que le passé de l'humanité a accompli jusqu'ici, et surtout dans ces derniers temps, malgré l'égoïsme dominant, l'ignorance et la défaillance, ce que l'avenir promet et ce qui peut être prévu, doit être incomparablement plus digne d'admiration que ce qui existe actuellement (Rebecque). » Une fois le triomphe de l'humanité assuré, « alors plus de haine, plus de préjugés trompeurs, plus d'agitation ou de défaillance vaine, partout la sympathie, la clairvoyance et la fermeté : partout l'homme tendant à l'homme une main fraternelle pour exploiter la patrie commune ; pour féconder, en la bénissant, cette terre dont dépend l'existence générale ; pour l'améliorer et l'embellir ; pour en faire un séjour de bonheur ou de paix, où chacun puisse accomplir dignement sa véritable destinée, qui est de concourir librement à la conservation et au perfectionnement de l'humanité. » (Robinet, p. 94.)

Le livre de Rebecque se termine à sa dernière page par la traduction française des vers bien connus de *Rückert* qui ne doivent exprimer à cette place qu'une glorification de l'humanité en général :

> « So stark ist Liebes Macht, dass selber Gott liebeigen
> » Dahin wo Er geliebt sich fühlet, sich muss neigen. »

L'amour est si puissant que Dieu, amour lui-même,
Doit se pencher vers ceux qui l'aiment.

Ainsi que par la strophe suivante d'une célèbre hymne latine (traduite en allemand par Schlegel) :

> « Ob Lieben Leiden sei,
> » Ob Leiden Liebe sei,
> » Weiss ich zu sagen nicht ;
> » Aber ich klage nicht ;
> » Lieblich das Leiden ist,
> » Welches mein Lieben ist. »

Qu'aimer soit souffrir,
Que souffrir soit aimer,
Je ne saurais le dire,
Mais je n'hésite pas,
Aimable est la souffrance (le souffrir)
Qui est mon amour (aimer).

Tels sont en résumé les traits principaux d'un système dont l'auteur prétend qu'il doit, à tous ceux qui sont atteints par le doute, ou qui ne croient plus, indiquer la route certaine qu'ils doivent suivre pour arriver rapidement à un bien-être incomparable, à une sérénité et à un repos de l'âme qui leur étaient encore entièrement inconnus. Nous avons cherché à établir les traits fondamentaux de ce système d'après le livre indiqué, autant que ses exlications, souvent obscures et nullement reliées entre elles, nous l'ont permis, sans vouloir prétendre que nous ayons compris d'une manière complétement exacte l'opinion de l'auteur. Toutefois nous ne doutons pas que nos lecteurs aient suivi avec intérêt l'exposition résumée du système positiviste. Quelque étrange que paraisse ce système tel que nous venons de l'exposer, il présente beaucoup de points de vue intéressants et remarquables, surtout à une époque dont les tendances philosophiques suivent à beaucoup d'égards une direction tout à fait conforme à celle des idées qui y sont admises. En ce qui concerne l'opinion générale que nous pourrions émettre sur sa valeur ou son absence de valeur ; nous ne pouvons préjuger de l'opinion propre du lecteur. Nous ne pouvons nous permettre que le peu d'observations qui suivent : nous ne doutons pas que, par une meilleure éducation dans l'esprit de la véritable humanité et du véritable amour de l'humanité, il puisse être fait à l'homme une existence différente et même meilleure que celle qui existe encore à notre époque; nous croyons que l'homme peut être élevé en dehors du cortége habituel de superstitions et de préjugés, uniquement en vue de l'amour des autres hommes, au lieu qu'il est actuellement nourri et repu d'erreurs, et pourvu, par l'instruction des écoles et par les usages de la vie, d'un caractère étroit, égoïste, et poussant à l'excès cet égoïsme même : nous avons la plus grande estime pour le sentiment noble et généreux dont tout le système est pénétré : mais nous doutons qu'il puisse être réalisé dans la pratique, parce que nous doutons qu'il soit possible, que les instincts égoïstes de l'homme qui, dans une longue suite de siècles, ont pu prendre un développement si grand et si fort, puissent être transformés par des impulsions sociales de telle manière que chaque individu pris isolément ne trouve que du plaisir dans l'accomplissement des devoirs de l'humanité prise à un point de vue général. Du moins un temps excessivement long serait nécessaire pour arriver à ce but, et l'essai devrait être fait dans un temps plus heureux que le nôtre, dont l'horizon est chargé de nuages dans toutes les directions, et dans lequel l'humanité n'a pas cessé de laisser fermenter en elle-même les plus grossières antithèses de la culture générale de l'esprit. En outre le lien de sensibilité et d'affection qui pénètre tout le système paraît mal convenir à notre époque de fer, qui n'obéit qu'à la voix de tonnerre du métal. Notre sexe a des nerfs puissants, et celui qui veut l'améliorer ne doit pas prendre exclusivement l'amour de l'humanité pour base de son édifice. Égaré par de longues années de servitude intellectuelle et politique, et de forme égoïste d'état social, dans lequel le malheur de l'un était la base du bonheur de l'autre, il a besoin de fléaux puissants pour être délivré de la captivité d'Égypte et pour être amené à ce que le positivisme désire faire exclusivement de lui — à une existence commune, pacifique, heureuse et sociale. Toutefois les temps où un état d'idylle pareil reviendra sur la terre, sont encore très-éloignés, et il est encore besoin de tant de conditions préliminaires qui ne pourront être remplies que par la propagation de la culture générale de l'esprit, que l'on peut bien considérer comme une folie, de vouloir s'occuper actuellement déjà de pareilles dispositions. En outre le mélange de *mysticisme* et d'ésotérisme que contient ce système, ainsi que l'arbitraire avec lequel il attribue à des mots ou à des désignations isolés un sens plus étendu et même tout à fait autre que leur sens propre, paraît devoir être un obstacle essentiel à sa propagation. Notre époque veut l'*égalité des priviléges* et la *clarté* — clarté dans la pensée et dans les actions, — et se sent éloignée des directions qui lui rappellent la francmaçonnerie, etc., etc. En général le genre humain ne se laisse pas instruire d'après des systèmes, parce qu'il n'a pas été créé lui-même par la nature d'après un système, et une lutte continuelle des opinions, des tendances et des dispositions, paraît être son élément vital. Mais lors même qu'il ne devrait pas en être ainsi, cela pourrait être considéré comme une entreprise singulière, de vouloir transformer l'homme dans toute sa nature par des influences et des dispositions dont la plus grande partie sont extérieures. — Le côté le plus intéressant de ce système doit être recherché dans sa tendance *à philosopher*, surtout dans l'énergie avec laquelle il fait face à la *théologie* et à la *métaphysique* actuelles, longtemps avant une époque dans laquelle des forces scientifiques sérieuses avaient commencé à entrer en lutte avec elles (1). C'est

---

(1) Un mémoire, plein d'esprit, sur Auguste Comte, publié dans les *Haym's Preussichen Jahrbüchern* (IV° volume, 3° livraison, 1859), fait ressortir presque exclusivement ce côté de sa doctrine. Suivant l'auteur, qui ne s'est pas nommé, Comte, dans ses trois genres ou degrés de philosophie (*théologie*, *métaphysique* et *science exacte*), a reconnu la base fondamentale du développement intellectuel de l'humanité. Les deux premiers degrés, sont bien souvent et dans la plupart des cas, en opposition l'un avec l'autre; mais ils s'accordent sur ce point qu'ils cherchent tous deux, en dehors de l'expérience et des organes des sens, les mêmes principes absolus et la réalisation d'un monde éternel, et se confondent par suite souvent l'un avec l'autre. En face de ces deux genres de philosophie, se tient la *philosophie de la science exacte* ou *philosophie positive*, qui s'adresse uniquement à la liaison intime des phénomènes réels, et, au lieu d'une vérité absolue, s'efforce d'obtenir une vérité relative. Nous ne pouvons rien savoir sur la cause fondamentale et l'essence des choses, rien sur leur pourquoi? Mais nous pouvons avoir des notions sur le comment? Et les lois que nous pouvons trouver dans cette voie sont les der-

un fait bien digne d'être observé, combien il est peu rare de voir une époque tenir son caractère de courants intellectuels qui, partant de côtés tout à fait divers et d'abord tout à fait étrangers les uns aux autres, concourent finalement en *une seule* et même voie. On peut donc, après tout, penser, relativement au positivisme, ce que l'on voudra ; mais on doit accorder qu'il vient se ranger parmi les « signes caractéristiques de l'époque ».

nières bases d'explication. La philosophie ne prend pas ses principes dans la vaine spéculation, mais dans chacune des sciences isolément, et cherche à établir entre elles une liaison systématique unitaire. La théologie et la métaphysique ont cessé de vivre dans leur sens général ; au contraire, on voit se faire jour une tendance tout à fait manifeste vers la méthode positive, méthode qui a déjà été introduite dans les sciences naturelles et qui doit maintenant être introduite dans les sciences morales et sociales. La science en elle-même n'est ni idéaliste, ni matérialiste ; elle ne cherche partout à connaître que les faits et leur liaison, et la vraie base de l'état futur ne sera plus *métaphysique*, mais sera seulement *anthropologique*, etc., etc. Or l'homme qui concentre pour ses adhérents tous les rayons de cette direction en un foyer commun, est A. Comte, ce philosophe qui, presque inconnu en Allemagne, a rencontré au contraire la plus grande faveur en Angleterre, et dont les écrits font ressortir avec éclat cette thèse d'un sens tout à fait profond : « La vraie sagesse conduit à l'amour. »

IV

PLUS DE PHILOSOPHIE SPÉCULATIVE

(1857)

Plus de philosophie spéculative, — telle est l'expression rigoureuse et concise de la conclusion qui ressort d'un écrit philosophique d'O. F. Gruppe : « Présent et avenir de la philosophie en Allemagne (*Gegenwart und Zukunft der Philosophie in Deutschland*) », Berlin, 1855, qui ne paraît pas avoir trouvé, parmi les gens éclairés, l'accueil qu'il méritait et dont la mise en évidence est le but auquel nous voudrions par suite contribuer dans la limite de nos faibles facultés. Nous avons dit : « parmi les gens éclairés »; en effet, cet écrit leur est destiné, et en ce qui concerne les philosophes et les spécialistes, ils se garderaient bien de parler au public d'un écrit qui leur arrache aussi impitoyablement leur masque d'hypocrisie : ils doivent chercher à imposer un silence de mort à l'auteur, comme ils l'ont fait antérieurement pour un philosophe bien connu, *Arthur Schopenhauer*, qui a donné assurément une apparence de justice à leur manière d'agir par l'absence de modération de ses attaques. Tout le monde sait dans quelle lutte la philosophie scolastique s'est engagée vis-à-vis de l'empirisme des sciences naturelles ; personne n'ignore que le principal argument dont les philosophes se sont servis à l'égard des naturalistes, leurs antagonistes, réside dans leur « absence de connaissance de la philosophie ». L'argument est de telle nature qu'il trouve l'approbation des masses disposées à l'appuyer, parce qu'il paraît compréhensible par soi-même que celui qui consacre son temps aux études empiriques, doit rester un « amateur (dilettant) » dans l'étude de la philosophie. Heureusement les « amateurs » naturalistes, pour se justifier du dédain de la philosophie systématique et scolastique, n'ont pas besoin d'en appeler à eux-mêmes : en effet, il est passé du camp de la philosophie même dans le camp opposé des hommes que ce reproche ne peut pas atteindre. Nous ne voulons pas parler du philosophe Schopenhauer qui appelle nos héros de la philosophie depuis Kant, « fourbes (*Betrüger*) », « charlatans », etc. : nous voulons seulement rappeler le jugement que nous avons communiqué à vos lecteurs il y a tout à fait peu de temps et qui sort de la plume d'un philosophe anonyme, mais honorable : il considère la philosophie scolastique comme ayant pris fin et trouve que, depuis Spinoza et Leibniz, elle n'a fait de pas en avant, mais des pas en arrière. Nous dénonçons aujourd'hui à vos lecteurs un autre philosophe, traître à la philosophie, aussi honorable, qui prononce un jugement bien plus sévère sur les systèmes de philosophie spéculative et sur leurs adhérents de tous les temps, et qui est aussi inexorable pour Aristote et Kant que pour Fichte, Schelling et Hegel. Il déclare que l'*Histoire de la philosophie* ne progresse pas continuellement suivant une loi intrinsèque, mais qu'elle est une « *histoire de l'erreur avec quelques rayons de lumière isolés* », et il enlève ainsi à la philosophie des écoles tout son manteau de pourpre usé jusqu'à la corde, dont la grande dimension, servant à abriter jusqu'ici chacun des lilliputiens de la philosophie, lui faisait penser qu'il était ainsi sur les épaules des géants qui l'avaient précédé.

L'auteur désigne avec une véritable supériorité l'antithèse de l'*empirisme* et de la *spéculation* comme étant celle de la *science* et de la *philosophie*, et représente avec la même supériorité les succès de la première sur la seconde, ou de la méthode *inductive* (Bacon) de l'histoire naturelle sur la méthode *déductive* de la spéculation. Il n'y a pas d'axiomes philosophiques, pas de vérités évidentes par elles-mêmes ou d'idées innées, pas de notions vraies ou abstraites en elles-mêmes, et tous les systèmes de philosophie idéaliste ou spéculative, qu'ils soient idéalistes ou panthéistes, qui ont été établis sur ces idées générales comme base fondamentale, sont tout à fait insoutenables. Déjà Bacon avait mis fin aux systèmes et avait fondé ainsi les premières bases de la véritable étude de la nature. De cette manière, cette dernière est devenue riche, puissante, considérée, tandis que la philosophie au contraire s'est abaissée jusqu'à l'état de « mendiante (*Bettlerin*). » En ce qui concerne notre nouvelle philosophie, on peut dater de Fichte ce que Gruppe désigne d'une manière tout à fait caractéristique sous la dénomination de « période de la mauvaise foi (*Periode der Unredlichkeit*) ». Cette mauvaise foi est actuellement reconnue : la domination de la dialectique est finie ; l'arbitraire dans la manière de construire l'édifice ne trouve plus aucune approbation, et « de tout l'éclat de cette philosophie, il n'est resté que l'impression du sophisme. » Notre époque, dit l'auteur anonyme, a rendu silencieusement un verdict de mort sur Kant, Fichte, Schelling et Hegel, aussi bien sur leurs systèmes que sur leurs méthodes; la spéculation est devenue pusillanime; des voix s'élèvent qui disent son fait à « l'expérience », et toutes les opinions s'accordent sur ce point que les routes, suivies jusqu'ici par la philosophie, doivent être abandonnées. Du reste, on se tromperait beaucoup si l'on voulait tirer de ces indications la conclusion que l'auteur anonyme, riche d'esprit et de savoir, soit en général ennemi de la philosophie. Au contraire, la philosophie doit encore, suivant lui, rester dans l'avenir le cœur et le point central de toute science humaine, mais elle ne le peut qu'en se soumettant à une *réforme* complète dans le sens de l'expérience, de l'empirisme et de la méthode inductive. Cette réforme doit être profonde et ne doit pas être seulement, comme quelques-uns le veulent, un retour à Kant ou à Locke : en effet, Kant ne se met pas en opposition avec les maux irrémédiables de la spéculation. L'auteur anonyme démontre avec une véritable supériorité comment et de quelle manière cette réforme doit être entreprise dans chaque branche de la philosophie, notamment dans la *logique*, et comment leur rapport avec les autres sciences doit se présenter dans l'avenir. La *métaphysique* doit être abandonnée : en effet, elle s'occupe de choses qui se trouvent en dehors de la sphère de nos connaissances. Avec toute notre science et tout notre être, nous sommes enracinés dans ce *monde :* un *au delà* n'existe que pour la *religion*, mais n'existe pas pour la *philosophie.* Ces deux ordres d'idées pourront à l'avenir continuer à exister pacifiquement l'un à côté de l'autre : en effet, ils n'ont plus dorénavant aucun point de contact ensemble. La philosophie doit s'abstenir de discuter sur les causes ultimes des choses qui sont bien accessibles à la foi, mais ne sont pas accessibles à la science : elle doit négliger de s'occuper du ciel et rester sur la *terre.* Il ne pourra plus y avoir de système spéculatif, et en général de philosophie systématique ou spéculative, et, malgré cela, la philosophie ne doit commencer en réalité et prendre de l'influence qu'actuellement, sous la forme de philosophie expérimentale.

3.

Celui qui connaît l'état et la substance des luttes philosophiques de l'époque actuelle, celui-là dira volontiers *amen* à ces desiderata de l'auteur, en les considérant à un point de vue général, et nous pourrions encore ajouter seulement, pour notre part, le désir que la « philosophie expérimentale » ne soit pas simplement cette fois une manière de parler, mais qu'elle puisse être une réalité. A toutes les époques, on a opposé aux écarts de la spéculation l'appel au prosaïsme et à « l'expérience », et la spéculation, pour satisfaire à cette tendance, a réclamé l'aide de l'expérience comme elle le fait encore aujourd'hui vis-à-vis de ses contradicteurs. Mais la philosophie expérimentale s'est aussi très-souvent fourvoyée de nouveau dans la fausse voie de la spéculation, et on n'a besoin, par exemple, que de jeter un coup d'œil sur les « traités de psychologie considérée comme science expérimentale » qui sont écrits à notre époque par des philosophes, pour être éclairé sur ce que ces maîtres comprennent sous le nom « d'expérience. » Assurément, on ne doit pas le prendre en mauvaise part : s'ils voulaient, en effet, réellement tirer leurs conclusions de l'expérience, ils devaient se résoudre à l'étude des faits et des observations, peut-être même à l'observation, ce qui serait naturellement beaucoup trop malaisé ou trop long, peut-être aussi trop difficile : ils préfèrent laisser cette tâche à la « médecine devenue cynique », ou bien aux « naturalistes matérialistes » qui n'ont aucun droit de parler, comme eux, en philosophie. Ainsi donc « l'expérience » doit, dans l'avenir, être le mot de la solution du problème de la philosophie, mais il faut qu'elle soit réelle et qu'elle s'appuie sur l'observation et les faits, et qu'elle ne retourne pas par un petit détour dans les rêves de la pure spéculation. Pour terminer cette note, nous croyons devoir rappeler les belles paroles de

Ludwig Feuerbach : « Ce qu'on désigne actuellement sous le nom de philosophie spéculative est en grande partie la chose la moins nette, la plus indécise de ce monde. Il n'existe qu'*une seule base, une seule loi* pour la philosophie, c'est la *liberté de l'esprit* et la *liberté du sentiment.* »

V

LA CIRCULATION DE LA VIE

(Réponse physiologique aux lettres de Liebig sur la chimie, par Jac. Moleschott. Mayence, v. Zabern, 1re édit., 1852; 2e édit., 1855) (1).

(1857)

Nous vivons dans une époque qui, malgré l'isolement politique et, sous beaucoup de rapports aussi, intellectuel, qui paraît y dominer, doit cependant être considérée comme un point de virement dans le développement intellectuel du genre humain. Pour beaucoup de gens qui, dans le cours de leur vie, ont vu passer les nombreuses et grandes désillusions des années antérieures, une telle opinion peut être rangée au nombre des espérances non motivées des esprits sanguins et, en réalité, on a entendu si souvent et dans des circonstances si peu convenables, parler de « point de virement, de progrès, d'éclaircissement, de veille de grands événements, etc., etc., pour, chaque fois, ou bien en sortir avec confusion, ou bien être rejeté dans le sens opposé, qu'on a été forcé d'en venir peu à peu à une antipathie motivée pour de pareilles phrases et pour ceux qui les émettent. Mais, dans une pareille disposition d'esprit, on tombe très-facilement dans un autre extrême, et l'on devient *pessimiste* sans mo-

(1) *Der Kreislauf des Lebens* : *La circulation de la vie*, réponse physiologique aux lettres sur la chimie de Liebig, par J. Moleschott, 2 vol. in-18 faisant partie de la *Bibliothèque de philosophie contemporaine*.

tif suffisant. Si l'on veut comprendre son époque, on doit sortir du cercle étroit de la génération dans laquelle on vit et monter jusqu'au point plus élevé où se place l'histoire elle-même pour observer les faits. On pourrait même voir se réaliser le pressentiment des événements que l'on porte en soi-même et désespérer de l'avenir, à cause de la lenteur avec laquelle l'avenir s'approche. Mais l'histoire n'établit pas ses calculs sur des générations, mais sur des siècles, et laisse des tombes innombrables pour marquer les plus petits de ses pas. Il n'existe assurément ici que très-peu de *consolation* pour les individus pris isolément ; mais que peut être l'individu isolé au milieu de la circulation éternelle de la nature et de l'histoire ?

En partant de ce point de vue, la supposition que nous sommes arrivés à un point de virement dans l'histoire de l'esprit occidental et en même temps dans l'histoire même, n'a besoin d'aucune justification particulière. Des conjectures et des circonstances *analogues* à celles de l'époque actuelle ont pu assurément être observées dans l'histoire à toutes les époques. Qu'on se rappelle seulement, par exemple, la période de temps qui vient immédiatement avant nous, l'époque antérieure à la révolution française, qui, par ses tendances de l'esprit et ses luttes philosophiques, présente une analogie frappante avec l'époque actuelle. Par suite de cette ressemblance, on entend fréquemment, non-seulement comparer le mouvement qui s'opère actuellement dans le ressort de la philosophie réaliste, mais même établir sa conformité absolue avec celui de cette période, ce qui, en réalité, amène à méconnaître entièrement le caractère propre du mouvement actuel. Ce caractère propre, qui lui procure une base tout à fait nouvelle, plus étendue et plus solide que le mouvement français, provient de la participation des sciences positives. Le mouvement intellectuel que Voltaire, Rousseau et les encyclopédistes ont fait naître, était profond et assez durable ; toutefois son action peut être considérée comme peu importante, en comparaison de de celle que l'histoire naturelle, telle qu'elle est conçue actuellement, exerce et exercera à l'avenir sur les esprits ; en effet, le premier s'appuyait en général sur le λόγος, tandis que le dernier pénètre, par ses racines, dans le territoire des faits, qui est à l'abri de toute secousse et qui peut triompher des doutes de toute nature.

Cette participation des sciences naturelles aux luttes philosophiques de l'époque actuelle est précisément ce qui a donné une grande partie de sa valeur au livre que nous voulons examiner ici, et qui a déterminé son succès dans le domaine plus étendu des gens éclairés. C'est un livre qui se maintient dans les limites de la lutte qui est actuellement engagée sur le terrain du développement intellectuel et qui, le premier, a fait tomber des échappées complètes de lumière sur le rapport des sciences naturelles avec la philosophie, la théologie, la morale, et surtout avec les questions scientifiques et sociales de l'époque actuelle, considérées à un point de vue général. Jusqu'à son apparition, tous ceux qui étaient familiarisés avec la marche du progrès intellectuel de leur époque, avaient le pressentiment de l'influence que ces sciences pouvaient exercer sur la marche de ce progrès, mais personne ne la connaissait réellement. Jusque-là les ouvrages populaires de même nature avaient, ou bien entièrement négligé ce rapport ou ne l'avaient qu'indiqué ; quelques propositions esquissées à la hâte, quelques observations détachées constituaient tout ce que l'on se permettait.

Pour en revenir au livre de Moleschott, il occupe encore

une position particulière et éminente, par cette raison que, bien qu'aphoristique dans son ensemble, il pénètre dans ces rapports généraux plus profondément et plus amplement que tous ses devanciers. Il est vrai que sa tendance paraît originairement être assez spéciale et se borner à son caractère d'écrit de controverse contre Liebig ; mais l'esprit de Moleschott, qui présente tant de tendance vers la généralisation, ne pouvait pas se contenter de cela et se tourne partout où il en a l'occasion, notamment dans les chapitres de ses conclusions, vers la masse des gens éclairés. Moins on en savait jusqu'ici sur les choses dont il s'agit ici, plus les indications de Moleschott devaient frapper et intéresser la masse des gens éclairés, et à peine est-il paru ultérieurement un livre qui se soit trouvé en quelque manière avoir du rapport avec les questions en discussion sur la culture générale de l'esprit et qui n'ait pas cité Moleschott de quelque manière. Ainsi, indépendamment de sa valeur propre, on doit attribuer une portion de son succès, qui est loin d'être peu importante, à un concours de prédispositions convenables qui lui était si favorable dans le moment. La banqueroute de la philosophie théorique et scolastique, qui venait seulement d'éclater presque complétement, l'attente d'un nouveau quelconque et l'intérêt général pour les études des sciences naturelles auxquelles le Cosmos d'Alexandre de Humboldt avait donné un essor tout particulier ; tout cela réagissait simultanément pour assurer au livre de Moleschott son succès et sa place. A ces circonstances est venu encore s'adjoindre ce fait qu'il s'annonçait comme écrit de polémique contre les « Lettres sur la chimie », de Liebig, qui, de leur côté, avaient mis en réquisition l'attention générale, à un degré vraiment rare. Les indications confuses et même contradictoires de Liebig sur la science et la foi avaient embrouillé ses lecteurs, et la plupart d'entre eux se sont cramponnés avec force à Moleschott pour sortir de cette confusion. — De cette manière, le livre de Moleschott a acquis dans la littérature une position et une valeur, dont l'importance ne pouvait être prévue, ni espérée par Moleschott lui-même, et cette position prend de jour en jour d'autant plus de crédit que le conflit scientifique, qui a pris son origine en partie à son apparition, devient plus étendu et plus considérable. Ce conflit n'est pas vidé, comme quelques individus à vue courte le pensent ; nous n'en sommes, au contraire, qu'à la fin du commencement. Quelle sensation et quelle enthousiasme a déterminé le livre de Moleschott chez les individualités auxquelles il a fait connaître pour la première fois la direction intellectuelle qu'il représente, les lettres de Mathilde Reichardt à Jac. Moleschott, si pleines d'un immense enthousiasme, qui viennent de paraître, peuvent en déposer. — La *première édition* de la « Circulation de la vie » est parue en 1852, et la seconde à laquelle il a été fait peu d'augmentations, est parue l'année dernière (1855) (1).

Après avoir, ce qui me paraissait nécessaire pour un livre d'une telle valeur, caractérisé l'importance de sa position dans la littérature, dont la généralisation a été déterminée tant par son propre mérite que par les prédispositions convenables, nous pouvons donner en quelques mots la relation de son contenu même. Dans la *préface*, Moleschott dont les écrits sont tous pénétrés d'une affection profonde et pleine de chaleur pour le peuple, fait connaître son intention d'exercer une action sur le peuple

---

(1) A ces deux éditions sont venues successivement s'ajouter une troisième et une quatrième édition.

par des développements de pensées qui restent dans le domaines de « faits » et puisent à la source de la « réalité ». Après une épître dédicatoire à Justus Liebig, dans laquelle Moleschott se pose de suite ouvertement comme son antagoniste et comme écrivain populaire, vient la *première lettre* qui oppose tout d'abord l'une à l'autre les antithèses les plus tranchées, *Révélation* et *Loi naturelle*, qui existent dans les connaissances de l'époque actuelle. Cela peut, en effet, paraître un phénomène affligeant de voir que, après les efforts laborieux de l'esprit humain pendant une durée de plus de trente siècles et en face d'une époque qui croit avoir atteint le point le plus élevé de la culture de l'esprit, on doit encore s'efforcer sérieusement de rendre compréhensible pour l'esprit de l'homme l'incompatibilité de la révélation et de la loi naturelle, et surtout par opposition avec des hommes qui sont considérés comme les coryphées de la civilisation. Moleschott fait ressortir cette imcompatibilité et démontre que la voie de la révélation conduit, non à « l'étude », mais à la « prière », et aussi que Liebig possède des idées très-peu claires sur la voie dans laquelle on peut acquérir une notion du divin, et que son désir de conciliation l'entraîne dans des contradictions évidentes. Dans la *seconde lettre* qui traite *des sources des connaissances de l'homme*, Moleschott fait rentrer la philosophie dans les bornes de la réalité et de « l'expérimentation (*Erfahrenheit*) » de Paracelse, et démontre que toutes les connaissances de l'homme lui viennent des sens. L'expérience et la philosophie doivent, suivant Moleschott, se confondre ensemble. La *troisième lettre* traite de l'*immortalité de la matière*, une des vérités les plus grandes et les plus importantes par leurs conséquences, que les récentes études sur l'histoire naturelle ait mise en évidence, et à l'aide de laquelle cette dernière a démontré sa supériorité à la philosophie spéculative et à la théologie. Les *lettres suivantes* contiennent des observations et des renseignements nombreux et intéressants, bien que rangés l'un à côté de l'autre sous une forme un peu aphoristique, sur les lois de l'endosmose et de l'exosmose, sur la formation des cellules, sur la nutrition et sur la transmutation de la matière dans les plantes et les animaux, sur la culture rationnelle du sol, sur l'influence qu'exerce sur la moralité de notre esprit le sol sur lequel nous vivons. Le point le plus brûlant de la contestation entre Liebig et Moleschott est mis en évidence dans la *neuvième lettre*, dans laquelle le dernier proteste contre la subdivision des aliments en *aliments de nutrition* et *aliments de respiration*, qui a été faite par Liebig. Quelque fondées que puissent être les observations de l'auteur, elles ne portent aucun préjudice à la valeur générale de cette subdivision qui a fait époque dans la physiologie de la transmutation de la matière, en tant qu'on ne la prend pas seulement dans le sens strict et qu'on la débarrasse des vues téléologiques qui lui ont été ajoutées par Liebig. La *dixième lettre* traite des transformations chimiques des aliments dans le corps des animaux et montre que la digestion est un acte chimique et mécanique. La *lettre onzième* traite de l'importance des parties constituantes inorganiques dans le corps des plantes et des animaux, que l'on n'apprécie souvent pas d'une manière suffisante, et la *douzième lettre* de la grande valeur des données de la *chimie*, pour arriver à la connaissance des transformations que subit la matière dans le corps de l'animal. En suivant cette gradation qui est le partage des hommes inspirés par le bon sens et l'amour de la vérité, Moleschott en arrive, dans cette lettre ainsi que dans d'autres, à rendre la plus complète justice aux services scientifiques incontestables de Liebig, son antagoniste —

se mettant ainsi tout à fait en opposition avec les procédés mesquins et orgueilleux par suite desquels ce dernier lui-même avait cherché, peu de temps auparavant, à dénoncer au public son antagoniste scientifique, comme étant un « amateur et un ignorant ». La *treizième lettre* traite de la transformation chimique de la matière et montre comment, avec l'aide de la chimie, les produits du règne végétal qui sont le plus appréciés de nos sens, peuvent être, du moins en partie, obtenus artificiellement, comme par magie, au moyen de cornues et de lampes à alcool. L'auteur fait ressortir d'une manière intéressante l'opposition qui, dans les plantes et les animaux, existe entre les produits de la transmutation de la matière en décomposition, et démontre que, dans ces mêmes plantes, développement et désorganisation, vie et putréfaction sont des états bien plus rapprochés l'un de l'autre que dans les animaux. Nous nous trouvons en présence d'une philosophie de la nature d'une valeur incontestable, surtout lorsque nous traitons d'une telle coordination d'idées, mais non de ce jeu d'esprit, vide de pensées, des rêveurs du système spéculatif avec leurs analogies factices, dans lequel on fait ressortir de petites similitudes dans le ciel, tandis que, d'autre part, on néglige les différences les plus grandes. Partout l'auteur montre, dans le cours de l'ouvrage, comment ce que nous plaisons à appeler corruption, désorganisation, mort, n'existe pas pour la nature dans le sens propre du mot, mais que, dans la circulation incessante de la transmutation de la matière, il n'y a ni commencement, ni fin, et que les germes de vie les plus élevés doivent se retrouver dans ce qui reste après la décomposition et la désorganisation. La *quatorzième lettre* nous fait connaître les sources de la *chaleur* dans les êtres organisés et nous montre que cette chaleur n'est qu'une conséquence et une expression de la transmutation de la matière. La *quinzième lettre* pénètre, d'une manière plus exacte, dans le développement de la matière « depuis celui de la terre, de l'air et de l'eau jusqu'à la création de l'être susceptible de croître et de penser » et il désigne l'affinité de la matière comme étant la « toute-puissance créatrice (*schaffende Allmacht*) ». Cette manière de voir relativement à la circulation de la matière doit être, suivant Moleschott, la base fondamentale d'une nouvelle manière d'envisager le système du monde, qui se trouve à l'état de préparation dans les « écrits prophétiques si profonds des *encyclopédistes* » et qui a pu obtenir seulement aujourd'hui la base scientifique qui doit servir de fondement à son édification. La *seizième lettre* examine la tendance de l'organisme à incliner du côté le plus agréable et le plus immatériel de l'alimentation ou de la substance qui est introduite dans l'intérieur de l'organisme, ce qui fait essuyer à l'opinion contraire de Liebig une contradiction motivée. Relativement au problème si souvent mis en avant de l'alimentation la plus convenable à l'homme, il devient clair, par ce que nous venons de dire, que la nature lui a assigné une alimentation dans laquelle les aliments végétaux et animaux doivent être entremêlés, et ainsi on peut juger de la manière de vivre étrange des soi-disant *légumistes* (*Vegetarianer*). De là se déduisent des observations intéressantes sur l'importance du thé, du café, des épices et des boissons alcooliques pour la nutrition, la transmutation de la matière et la culture de l'esprit. La *dix-septième lettre* traite du rapport de la force et de la matière, examiné dans ces derniers temps un si grand nombre de fois et en partant de manières de voir si différentes. Avec une prévoyance profonde, Moleschott jette un coup d'œil sur cette désunion, d'une « force susceptible d'agiter le monde », qui se développe sur ce point et combat cette proposition si fausse et si étroitement reliée à la mauvaise interprétation de la nature par les idées théologiques, que les propriétés de la matière lui viennent de l'extérieur. Il démontre en même temps, dans cette lettre, que les matières organiques et organisées peuvent provenir de matières premières inorganiques et de combinaisons inorganiques, et donne ainsi un coup mortel à la fameuse idée de la *force vitale*. L'organique et l'inorganique ne se distinguent plus que par le plus ou moins grand degré de complication du mélange matériel. Aussitôt que la complication de la matière a atteint un degré déterminé, la vie entre en fonction avec la forme organisée. Relativement à ce point aussi, Moleschott fait ressortir, dans les idées de l'éminent chimiste Liebig, des propositions obscures ainsi que de contradictions étranges, — contradictions que la manière de voir la plus récente de Liebig fait ressortir d'une manière plus vive. La dix-huitième lettre a pour suscription « la pensée (*der Gedanke*) » et applique les généralités acquises dans les lettres précédentes à la relation de l'esprit et de la matière, du cerveau et de l'âme. Les explications de Moleschott sur la discussion bien connue relative au phosphore contenu dans le cerveau, sont bonnes et frappantes, et elles convaincront tous ceux qui voudront se donner la peine de les lire. « Heureusement, » dit Moleschott, en faisant allusion à Liebig, « les explications des hommes même les plus éminents se montrent impuissantes lorsqu'elles sont en opposition avec la voix, exempte de préjugés, des expériences solidement établies. »

Plus loin, l'auteur démontre dans cette lettre combien est convenable l'*observation des sens* comme source de toute connaissance humaine par opposition avec les idées des philosophes idéalistes et avec la doctrine des idées innées. Il démontre comment une idée, aussi détachée de tout qu'il est possible, ne peut se former que par le concours du monde réel des phénomènes. La *dix-neuvième lettre* examine une des questions les plus élevées qui se soit présentée dans les luttes philosophiques et théologiques de tous les temps — une question dont les démonstrations positives de l'étude des sciences naturelles ont commencé seulement à notre époque à donner une explication quelque peu satisfaisante. Nous voulons parler de la question, d'une importance si éternelle, de la *liberté de la volonté humaine*. Dans tous les cas, Moleschott va trop loin lorsqu'il désigne la volonté comme n'étant que « l'expression indispensable d'un état du cerveau déterminé par les actions extérieures ». S'il en était ainsi, nous ne serions assurément pas bien supérieurs aux automates. Mais bien qu'il soit certain que l'être intellectuel, dans ses manifestations, s'appuie sur des mouvements matériels, il est aussi certain cependant que, dans le cours de son évolution matérielle, il acquiert une substantialité qui lui permet d'effectuer entre deux hypothèses également possibles un choix dans l'une ou l'autre des deux directions. Dans tous les cas, ce choix n'est pas entièrement libre, parce qu'une quantité d'autres influences essentielles à la nature exercent encore une action sur la direction du jugement dont le choix est le résultat; mais ces influences exercent, pour la plupart, non l'action immédiate que Moleschott a en vue, mais une action médiate, indirecte, qui laisse du moins à la volonté une latitude déterminée dans laquelle elle peut exercer son action. Comment pourrait-il du reste être question de libre volonté, de libre arbitre, et comment la physiologie distinguerait-elle les mouvements soi-disant *réflexes* des mouvements *volontaires?* Par cette belle maxime de Mme de Staël : « comprendre tout, c'est se méprendre sur tout ». — Moleschott indique le point de départ élevé et vraiment humain sur lequel la nouvelle manière d'envisager le système du monde au point de vue philosophique, ayant sa base fondamentale dans des considérations naturelles, s'appuie pour élever l'homme au-dessus des autres hommes. Dans la *vingtième et dernière lettre*, Moleschott soutient cette nouvelle manière d'envisager le système du monde contre ses antagonistes, et fait tomber les objections de ces esprits bornés qui, par l'arrivée de ces nouvelles idées, voient s'échapper du monde tout ce qui est bon, beau et élevé. C'est par une liaison tout à fait intime avec ces idées que vient se rattacher la démonstration, donnée par Moleschott, de ce fait que la science sera quelque jour en état d'enseigner une *répartition de la matière* obtenue par voie artificielle « par laquelle la pauvreté, considérée dans le sens de besoin non satisfait, deviendra impossible », et que, par suite, la solution exacte de la grande *question sociale* est entre les mains du naturaliste !

Tel est le contenu d'un livre qui, tant à cause de sa valeur propre qu'à cause de la position qu'il a acquis dans le monde des lettres, ne peut être mis de côté par aucune personne éclairée, sans être lu. Par l'éloge sincère et impartial que nous lui avons accordé, nous croyons avoir acquis le droit de signaler quelques *imperfections* que nous y avons reconnues. Le livre se donne pour *un livre à la portée du peuple*, mais il est en réalité aussi peu convenable pour le peuple que pour les savants ; en effet il est d'une érudition trop élevée pour le peuple, et d'une érudition trop peu élevée pour les savants. Celui qui veut écrire pour le peuple, doit laisser de côté les expressions purement scientifiques comme : *harnsaures Ammoniak* (urate d'ammoniaque), *organische Gallensäure* (acide choléique), *Butter-*

fettbasis (butylamine), et *Gänsefuszbasis* (propylamine ou triméthylamine), etc.; au contraire, il doit indiquer en traits bien marqués et bien tranchés les résultats, généraux et pleins d'importance pour le phénomène de la vie, des recherches des savants ; il doit faire voir ce que la science a trouvé et conquis, et ne parler qu'exceptionnellement des moyens qu'elle a employés et des voies qu'elle a suivies pour arriver à ces acquisitions. Il doit en outre être parfaitement clair et compréhensible, condition à laquelle Moleschott ne satisfait pas toujours : enfin, il doit être plus court que Moleschott ne l'est dans son ouvrage. Nous sommes à peu près convaincus qu'un grand nombre des lecteurs du livre de Moleschott ont passé, en le lisant, une partie de ce livre qui est loin d'être peu considérable, faute d'avoir compris ou de s'être intéressé aux particularités qui y sont insérées, et qu'un certain nombre ont été entièrement détournés de sa lecture par son étendue. — Un second reproche que nous devons faire à Moleschott au sujet de son livre, est sa *manière d'écrire par aphorismes*. Il ne suit pas sa pensée une fois qu'elle est commencée, pour la poursuivre jusqu'au bout et l'épuiser, mais il saute d'une pensée à une autre, d'une observation ou d'un fait à un second qui appartient à un tout autre ordre d'idées ; nous croyons précisément obtenir une notion déterminée sur un sujet et nous nous trouvons tout à coup dans une région intellectuelle tout à fait différente. Des propositions jetées rapidement sur le papier, des observations ébauchées sont bien souvent un moyen tout à fait convenable pour exciter le lecteur à des réflexions difficiles; mais il ne faut pas appliquer d'une manière continue ce procédé à un chapitre tout entier qui traite souvent de matières très-importantes. Celui qui veut écrire pour le peuple ou celui qui veut seulement que ses écrits exercent une *action* quelconque, doit se cramponner au sujet qu'il a commencé à envisager et ne plus le quitter avant d'avoir instruit, convaincu son lecteur ou d'en avoir fait son antagoniste. Moleschott a prouvé, dans d'autres endroits, et prouvera encore bien souvent, comme nous l'espérons, qu'il sait écrire ainsi.

VI

IMMORTALITÉ DE LA FORCE

(1857)

Les grandes vérités scientifiques se reconnaissent, dans la plupart des cas, à deux signes caractéristiques : premièrement, à leur simplicité, et, secondement, à leur découverte relativement plus tardive : aussi est-on généralement dans l'habitude de s'étonner qu'elles n'aient pas été trouvées plus tôt. Il en est ainsi d'une des vérités les plus grandes et les plus importantes que les études les plus récentes des sciences les plus naturelles aient mises au jour, de la soi-disant « immortalité de la matière », et il semble encore devoir en être ainsi d'une vérité qui paraît destinée à se placer à côté de la première comme un pendant de même importance, ou, pour mieux dire, comme un complément : nous voulons parler de l'« immortalité de la force ». A peine peut-il y avoir une chose qui, une fois reconnue exacte, soit plus simple et puisse mieux se comprendre d'elle-même, et cependant c'est seulement de nos jours que les physiciens y ont fait attention. Elle est si naturelle que chacun peut l'observer et la suivre dans ses limites les plus étendues en partant des considérations les plus simples sur le rapport de la cause et de l'effet. La logique et l'expérience journalière nous apprennent qu'aucun mouvement naturel, aucune transformation naturelle, par conséquent aucune manifestation de force, ne peut avoir lieu, sans déterminer une chaîne sans fin de mouvements consécutifs ou de transformations consécutives, et, par conséquent, de manifestations de force, puisque tout effet doit être la cause première d'un effet consécutif, et ainsi de suite jusqu'à l'infini. La nature ne connaît pas de repos, de quelque nature qu'il soit : toute son essence consiste en un cours circulaire qui ne se repose jamais et dans lequel tout mouvement provient d'un mouvement antérieur et est lui-même immédiatement la cause première d'un mouvement ultérieur qui le suit et qui est de même valeur, en sorte qu'il n'y a jamais aucune lacune et qu'il ne peut jamais se produire ni aucune perte, ni aucun gain. Aucun mouvement dans la nature ne se produit de rien et ne se transforme en rien, et, de même que, dans le monde matériel, toute forme isolée ne peut arriver à la réalisation de son existence qu'en puisant la matière indispensable dans une provision de matière énorme, mais toujours identique avec elle-même, de même tout mouvement puise sa raison d'être dans une provision de force incommensurable, toujours identique avec elle-même, et rend, plus tôt ou plus tard, d'une manière quelconque à l'ensemble la quantité de force qu'il lui avait empruntée, et non pas seulement à un point de vue général, mais d'après des principes tout à fait spéciaux d'équivalence ou d'équilibre. Un phénomène de mouvement peut être *latent*, c'est-à-dire passer à un état sous lequel il paraît se dérober pour l'instant à nos sens : il n'est cependant pas perdu pour cela ; mais il se transforme seulement en d'autres états de force, différents par la qualité, mais égaux en valeur ou équivalents, d'où il sortira de nouveau plus tard sous une autre forme quelconque. Le frottement peut se transformer en chaleur, en lumière, en électricité, y persister et en ressortir plus tard de nouveau sous forme de frottement ou sous une autre forme quelconque de mouvement. Si l'on frotte deux morceaux de bois l'un contre l'autre, on produit de la chaleur; si l'on chauffe, au contraire, une machine à vapeur, on produit réciproquement, au moyen de la chaleur, du frottement et du mouvement : on a, suivant la manière de s'exprimer usitée dans la science, « transformé » la chaleur en mouvement, et l'on peut dire : la chaleur n'est pas autre chose qu'une forme du mouvement, ou le mouvement n'est pas autre chose qu'une forme de la chaleur. La pesanteur peut aussi se transformer en mouvement, comme on peut l'observer sur tout pendule, et, combinée avec la soi-disant force centrifuge, elle est la cause de l'exemple de mouvement le plus grandiose qui nous soit connu, — le mouvement des corps célestes. D'après cela, il pourrait sembler qu'il n'existe qu'une seule *force première* qui est éternelle, et que les forces isolées qui nous sont connues, ne sont que différentes manifestations et différents états de cette force première dont elles se séparent, tantôt sous une forme, tantôt sous une autre, mais présentant toujours la même valeur, et à laquelle elles finissent toujours par revenir. Du reste, qu'il en soit ainsi ou non, il n'en ressort pas moins des exemples que nous avons cités, qu'il existe, entre toutes les forces naturelles, une liaison et un rapport intimes qui sont dignes de l'attention la plus grande de la part des physiciens et des philosophes. Les efforts des premiers se sont effectivement tournés de plus en plus vers ce sujet dans ces dernières années. La preuve s'en trouve dans les travaux d'Helmholtz (*Ueber die Wechselwirkung der Naturkräfte : Sur l'action réciproque des forces de la nature*), de Grove, (*The Correlation of physical forces : La corrélation des forces physiques*), de Faraday (*On Conservation of force : Sur la conservation de la force*), de Baumgartner à Vienne, etc., etc. Tous traitent des relations réciproques si importantes qui relient entre elles les différentes forces de la nature, de leurs transformations et de leurs conversions mutuelles l'une dans l'autre, et de leur remplacement sous une même valeur, et s'efforcent d'établir une loi qui, ainsi que nous en montrerons plus tard la justesse, pourrait bien être désignée sous le nom « d'immortalité de la force ». A. Helfferich, dans un écrit peu volumineux sur « *Die neuere Naturwissenschaft*..... (La nouvelle science naturelle.....) » qui vient de paraître, émet cette opinion qu'il est presque généralement admis aujourd'hui par les physiciens que la force n'est pas autre chose qu'une espèce déterminée de travail, et attire l'attention sur la corrélation mutuelle, existant entre toutes les forces naturelles, par suite de laquelle la *chaleur* prend le premier rang et d'où résulte ce qu'il appelle « l'unité de la force ». L'auteur même de cette appréciation a reçu il y a quelques jours un écrit, d'une valeur bien digne d'être reconnue, venant d'un homme dont le nom possède une très-bonne renommée dans la science, et qui, étant aussi familiarisé avec les travaux de chimie et de physique, devait être surtout apte à émettre un jugement sur cet intéressant sujet. En communiquant à vos lecteurs la partie la plus essentielle du travail qui nous a été envoyé, nous avons cru leur rendre d'autant plus service que leur attention a été dirigée précisément plusieurs fois dans ces derniers temps sur ce sujet par un collaborateur de votre journal. Du long mémoire, rempli de preuves et d'explications nombreuses et positives que M. Mohr a eu la bonté de nous envoyer, nous ne donnerons que ce qui peut servir à élucider la proposition que nous soutenons ici, et nous chercherons, en travaillant à lui donner une forme populaire, à le rendre plus accessible à l'intelligence de la généralité des lecteurs.

Si, d'un côté, il est impossible de créer de la *matière* ou de la réduire à néant, il en est de même de la *force*. La force est reliée en proportion infinie à la proportion infinie de la matière ou des corps, et y passe à l'état apparent. On doit considérer comme un fait parfaitement déterminé qu'il n'existe aucun cas dans lequel une force *se produit* ou *s'anéantit*. Dans tous les cas où des forces viennent à apparaître, elles peuvent être ramenées à leurs sources, c'est-à-dire qu'on peut faire voir de quelles forces étrangères à elles ou de quels effets résultant de forces étrangères une quantité donnée de force peut être produite directement ou par transformation. — La forme la plus ordinaire sous laquelle la force apparaît, est *la lumière et la chaleur des corps centraux de l'univers*. Toutes les forces qui s'offrent à nous sur la terre, peuvent être dérivées du *soleil*. L'écoulement de l'eau, la violence du vent, la chaleur du corps animal, la puissance de combustion du bois, du charbon de terre, etc., etc., peuvent être rapportés simplement au soleil, sans plus. La *température froide des forêts* provient de la transformation de la chaleur du soleil en différence chimique, et, par la combustion du bois ou du charbon de terre dans lesquels le principe de la chaleur du soleil se trouve à l'état de dépôt, la quantité absolue de la chaleur disparue antérieurement est de nouveau mise en évidence. Nous trouvons en même temps dans cette transformation un moyen de convertir de la chaleur d'un degré peu élevé en chaleur d'une intensité plus forte. Tandis que la chaleur rayonnante du soleil ne se manifeste que par une température de 30 degrés au thermomètre, la combustion du charbon produite par cette chaleur rayonnante du soleil peut donner une température rouge blanc. Si la chaleur, répartie dans le sens opposé par la reproduction sur de plus grandes masses, voit son intensité diminuer, sa quantité reste cependant toujours la même, sans subir aucune modification. Par l'expansion qui se produit à l'aide du rayonnement dans les espaces froids du monde, elle quitte la terre après y avoir fait une apparition momentanée pour rentrer dans le grand océan du monde et de la chaleur jusqu'à ce que, reprise par un corps exempt de chaleur, elle réapparaisse sous forme de chaleur sensible ou de force mécanique : mais jamais il ne peut de cette manière s'effectuer une déperdition quelconque de cette chaleur. Si le rayon de chaleur isolé est absorbé par un soleil, il augmente la quantité et l'intensité de son contingent de chaleur jusqu'à ce qu'il soit renvoyé par ce soleil dans l'espace du monde et soit alors appelé ainsi à prendre d'autres formes déterminées, à se transformer en d'autres forces ou à affecter d'autres états. Ainsi, par exemple, la cohésion et les propriétés chimiques du *fer* métallique, qui a été obtenu par la réduction de l'*oxyde de fer* à l'aide de la force du charbon, ne sont pas autre chose que les effets ultimes de la chaleur, provenant du soleil par rayonnement : en effet, comme le charbon a été extrait antérieurement de l'acide carbonique par la lumière et la chaleur dans l'acte vital de la plante, toutes les propriétés du fer et de l'acier obtenus par la réduction au moyen du charbon se déduisent ultérieurement, en dernière instance, de la force élémentaire du soleil. Plus est grande la cohésion dont est doué le corps qui a été produit de cette manière, plus est considérable la chaleur qui est nécessaire à sa préparation et, dans ces phénomènes, la cause première et l'effet se maintiennent partout dans un état mutuel de complet équilibre. La force par laquelle une *locomotive* est mise en activité, est une parcelle de chaleur solaire transformée, par une machine, en travail tout à fait de la même espèce que le travail qui crée les pensées dans le cerveau de l'homme, ou qui forge les clous par l'intermédiaire des bras du travailleur.

Cela nous conduit à ce qui peut être désigné sous le nom de « substitution des forces (*Umsetzen der Kräfte*) » qui se produit tout à fait de la même manière que la substitution des substances élémentaires en chimie, par équivalents déterminés, ou par valeurs numériques qui s'équilibrent, et nous pouvons tout d'abord nous rendre compte clairement avec quelle exactitude la transformation d'une force en une autre peut être conçue.

Le premier et le plus élevé des principes fondamentaux sur lesquels Newton a élevé son système du monde, est qu'une force mécanique existante ne peut jamais cesser de produire un effet, et qu'un corps de l'univers, une fois mis en mouvement, doit y rester indéfiniment avec la force de l'impulsion initiale, en supposant qu'il ne soit pas arrêté dans ce mouvement par d'autres forces d'une plus grande puissance. Nous ne connaissons dans la nature qu'*un seul* exemple d'un mouvement pareil qui ne soit arrêté par rien, le *mouvement des planètes*; en effet dans ce mouvement seul, il n'existe aucun des obstacles qui, sur la terre, finissent par faire passer tout mouvement à l'état de repos. Du reste, sur la terre même, nous sommes d'autant plus près de nous rapprocher des caractères particuliers de cette loi, que nous réussissons mieux à écarter tous les obstacles au mouvement. Un pendule qui est suspendu très-librement de manière qu'il se produise le moins de frottement possible à son point de suspension, oscille pendant vingt-quatre à trente heures par suite d'une seule impulsion; une boîte de boussole du poids de 5 livres donne une rotation d'une heure de durée sur une surface d'agathe polie ; une pierre jetée sur de la glace unie est projetée à une distance vingt fois aussi grande que celle à laquelle elle atteindrait si elle était projetée dans l'air par l'homme le plus fort. La force mécanique communiquée au pendule, à la boîte ou à la pierre n'est pas perdue, bien qu'il paraisse en être ainsi, lorsqu'ils sont arrivés tous trois à la période de repos, mais elle existe encore, tout en ayant acquis une autre forme et d'autres relations. Une portion de cette force est passée à d'autres corps mobiles, à l'air par exemple ; une autre portion a été transformée en *chaleur* par le frottement, et enfin une dernière portion a été dépensée à la suppression (*Abnutzung*) de la cohésion. Ainsi donc, sur notre terre, tout mouvement doit finir par cesser, même sans l'intervention d'une nouvelle force, parce que nous sommes hors d'état de le rendre indépendant des obstacles naturels qui s'opposent à son mouvement, d'où il ressort en outre que la croyance au *mouvement perpétuel* est un non-sens. Aucune force ou aucun mouvement ne peut se produire de lui-même : il n'est toujours, au contraire, que la conséquence d'une impulsion préalable, et ils ne peuvent donner eux-mêmes une impulsion continuant à agir indéfiniment, que comme une succession de manifestations de force ou de phénomènes de mouvements.

Si nous considérons avec plus d'attention la force à l'aide de laquelle nous soulevons, par une impulsion de la main, le poids fixé à l'extrémité du pendule d'une horloge, nous avons, dans cet exemple, ce que l'on désigne sous le nom de *mouvement par masses*, dans lequel toutes les molécules du corps pesant se portent en avant dans l'espace, en conservant leur position relative originaire. La valeur de la force employée est déterminée par la grosseur du poids et la hauteur de la chute. La même quantité de force mécanique communiquée est transformée ou *convertie* par la marche de l'horloge en une quantité innombrable de petits mouvements. Une partie de cette force doit passer dans l'air pour servir à la production du son dans le battement de l'échappement, une partie est transmise par le mouvement des rouages de l'horloge à l'air environnant qui était à l'état de repos ; enfin une autre portion est dépensée pour détruire la cohésion, ou utilisée. Du reste, la somme de tous ces petits effets, lorsqu'on les additionne, est tout à fait égale à la valeur de la force qui a remonté l'horloge.

Si nous voulons choisir un autre exemple, nous pouvons nous demander ce que devient la force motrice dans la rencontre de corps élastiques ou non élastiques ? Imaginons donc deux boules *élastiques*, de poids égaux, deux billes de billard par exemple, qui roulent circulairement l'un contre l'autre avec une vitesse quelconque ; elles reculent, après la rencontre, avec une vitesse qui paraît précisément telle qu'elle aurait été si les deux billes s'étaient pénétrées mutuellement. Il est évident par là que la somme des mouvements après la rencontre est précisément la même qu'elle était immédiatement auparavant. On n'observe, dans ce cas, sur les billes aucune empreinte, aucune dépression, aucune élévation de la température des places par lesquelles le contact a eu lieu. Si, au contraire, nous faisons rouler circulairement l'une contre l'autre deux boules *non élastiques*, de *plomb* par exemple, elles restent toutes les deux en repos après leur rencontre, mais *elles ont pris une empreinte et se sont échauffées.* Cette empreinte est l'effet équivalent à une augmentation de la cohésion et équivalent à une portion de la force qui a été employée dans la rencontre. Le plomb ainsi condensé possède une plus grande pesanteur sous un même volume et exige une plus grande force pour être séparé mécaniquement et une plus grande quantité de chaleur pour être fondu, que le plomb non condensé : la force mécanique a donc pris seulement une nouvelle forme et, dans ce cas, celle d'une augmentation de la cohésion, mais elle n'a pas disparu. La portion de cette force qui n'a pas été employée à l'augmentation de la cohésion, s'est transformée en chaleur. S'il y avait des cas dans lesquels il pût s'anéantir de la force, et qu'il n'y en eût pas dans lesquels il pût s'en produire de nouveau, l'univers entier devrait arriver peu à peu à une période de repos, puisque la provision de force une fois existante pourrait bien *diminuer*, mais ne pourrait plus augmenter. Si le contraire arrivait, la lumière, la chaleur et le mouvement devraient augmenter continuellement. Mais ni l'un ni l'autre de ces cas ne se présentent en réalité ; la somme des forces une fois existante reste immuablement la même, et les formes seules, sous lesquelles elle nous apparaît, peuvent changer.

La force n'est, du reste, pas seulement *immortelle*, mais elle est aussi *unique*. Toute force peut être transformée en une autre force quelconque et revenir ensuite à son premier état. L'étude des transformations des forces s'appelle abréviativement *la physique*. Un appareil de physique est un mode de disposition dans lequel les forces peuvent être transformées en d'autres forces. Toutes les manières de passer ainsi d'une force à une autre ne sont assurément pas encore connues, ni trouvées, mais un très-grand nombre d'entre elles le sont. Dans la *machine électrique*, par exemple, la force mécanique du bras, procédant de la différence chimique dans l'acte de la respiration et se rattachant par dérivation à la lumière et à la chaleur du soleil, est changée en attraction électrique, en courant électrique, en combustion et en annulation de cohésion. Dans la *pile de Volta*, la différence chimique, affinité du zinc pour l'oxygène de l'eau, est convertie en courant électrique, chaleur, lumière, force de travail (télégraphe électrique !). Dans cet exemple, l'effet est équivalent (égal en valeur) dans tous les cas à la quantité de zinc dissoute par voie galvanique, ou autrement aux affinités satisfaites. Il résulte de là qu'il est impossible de maintenir la *théorie de l'électricité par contact* (*electrischen Kontact- oder Berührungs-Theorie*). Si le contact (*Kontact oder Berührung*) était la *cause première*, et non pas simplement la *condition* de la production de l'électricité, l'électricité produite ne proviendrait d'aucune force, ou, en d'autres termes, de *rien :* en effet le contact n'est pas une force, mais constitue seulement un rapport d'étendue. La production d'une force aux dépens de rien est aussi bien en opposition avec les lois de la pensée qu'avec l'expérience. La *théorie du contact* déduit de *rien* deux effets, l'effet mécanique et l'effet chimique de la pile. La *théorie chimique*, au contraire, qui ramène tous les effets électriques à la compensation d'une différence chimique, explique tous les phénomènes de la pile de la manière la plus précise. Elle prédit la direction et la force du courant, correspondant à chaque combinaison, et nous apprend à connaître d'avance les corps qui produisent de forts courants électriques. Si le contact était la cause première du développement de l'électricité, le contact devrait diminuer avec l'apparition de l'électricité et finir par cesser, puisqu'il est impossible qu'un effet apparaisse et que sa cause première continue à exister sans subir aucune modification : or, comme il n'en est pas ainsi, le contact ne peut pas être la cause première du développement de l'électricité. Le fait qu'en général l'*électricité* ne peut pas provenir de rien, et qu'au contraire, elle est toujours d'une valeur égale à la cause première qui l'a produite, ressort de la manière la plus frappante de la comparaison de trois piles voltaïques qui, pour un égal développement d'électricité, produisent des effets inégaux. Prenons trois batteries de zinc ordinaire, qui soient d'égale force, d'égale grosseur et soient également remplies, et réglons-les au moyen de rhéostats et de galvanomètres, pendant qu'elles sont en activité, de manière qu'elles produisent un courant de force égale. Le circuit de la première batterie A est fermé au moyen d'un fil de platine ; la seconde B fait tourner un appareil de rotation de Stöhrer ; le circuit de la troisième C est fermé par un appareil disposé pour la décomposition de l'eau ; on observe alors ce qui suit : Le fil de A s'échauffe ou atteint une température rouge ; les fils de B et de C restent froids. Mais, d'autre part, B produit une force de travail qui, lorsqu'elle est utilisée par le frottement pour donner de la chaleur, en produit une quantité égale à celle qui, dans A, se manifeste par l'élévation de la température du fil. Enfin le gaz détonant, produit par C, donne, lorsqu'on l'enflamme, une quantité de chaleur aussi grande que celle qui est donnée par A directement et qui provient de B par frottement. Enfin chacune des batteries, prise isolément, produit — A sous forme de chaleur sensible, B sous forme de force de travail, C sous forme de différence chimique (gaz détonant) — une quantité de chaleur égale à celle qui serait produite, si l'on faisait brûler directement dans l'oxygène la quantité de zinc transformée en oxyde dans les batteries, qui est égale dans toutes les batteries, en admettant toutefois l'égalité de force du courant. Il ressort de là avec une entière clarté que l'on n'obtient pas d'électricité sans qu'il en coûte rien et que, lorsqu'elle est dépensée sous une certaine forme pour produire un effet, elle fait défaut sous une autre forme, ou que, pour employer une expression plus générale, l'effet et la cause première sont éternellement égales l'une à l'autre. Et comment pourrait-il en être autrement ? Admettons que, dans la machine à vapeur, la combustion du charbon soit la cause primitive de la production de la chaleur et de la force, comment pourrait-il en être autrement dans la machine électrique, dans laquelle il se produit également de la force, de la chaleur et de la lumière ? L'affinité chimique se transforme en travail de force, sinon directement, du moins par intermédiaire : dans la machine à vapeur par l'intermédiaire de la chaleur, dans la machine électrique au moyen de l'électricité. Il est ici tout à fait indifférent de s'occuper comment la transmission ou le transport de la force s'est accompli et si la force mécanique provient de l'oxydation du zinc ou du charbon, ou bien de la chute du Niagara, ou d'un moulin à vent, ou du bras d'un homme : elle est et reste toujours une dérivation de la provision de force, existant dans tout l'univers, et ne peut être produite à nouveau.

Les relations mutuelles de transformation du *travail* et de la *chaleur* nous donnent l'exemple le plus frappant de la soi-disant conversion de force. Donnons au moyen d'une chute d'eau l'impulsion à une roue qui fait tourner un cône massif en bois dans un cône creux en métal qui s'y adapte exactement, le travail de force se transforme par le frottement en chaleur, et l'on peut au moyen d'une chute d'eau (d'un courant ou d'un moulin à vent) *chauffer une chambre !* Dans la machine à vapeur, nous transformons par la combustion du charbon la différence chimique en chaleur qui est transformée de nouveau partiellement par la machine en force de travail. Une grande partie de la chaleur produite s'échappe avec la vapeur d'eau et se trouve ainsi perdue pour l'effet de la machine. La force de travail de la machine à vapeur, transformée par le frottement en chaleur, + (augmentée de) la chaleur dégagée, est = (égale) à la chaleur donnée par la combustion du charbon ; et la quantité de chaleur de la machine à frottement, indiquée précédemment, est = à la chaleur du soleil qui a vaporisé et élevé l'eau dont l'élévation était nécessaire pour la production de la force, et aussi = à la chaleur de combustion qui a produit, dans la machine à vapeur, assez de force de travail pour déterminer par frottement la quantité équivalente de chaleur. — On réussit rarement à convertir en une autre la totalité de la force produite dans un but déterminé, puisque, dans la plupart des cas, de grandes quantités de force se trouvent perdues d'autre part, c'est-à-dire se trouvent perdues pour le but proposé, mais non pour l'univers entier. Dans les armes à feu, par exemple, la différence chimique qui est juxtaposée sous la forme de salpêtre, de soufre et de charbon, est transformée en travail par l'intermédiaire de la chaleur. La totalité de la chaleur dégagée qui, à chaque coup de l'arme à feu, peut se produire par la combinaison du charbon avec l'oxygène pour former de l'acide carbonique, et par celle du potassium avec le soufre pour former du sulfure de potassium, diminuée de la chaleur provenant de la combinaison de l'azote et du potassium avec l'oxygène, pour former de l'acide azotique et de la potasse, doit être transformée en travail. Mais une partie de cette chaleur est dépensée pour échauffer le canon du fusil, et une autre partie se perd dans l'air sous forme de son.

Un des plus beaux exemples de remplacement mutuel des forces par d'autres d'égale valeur est celui qui a été découvert par Foucault. Si l'on fait tourner un disque de métal autour d'un axe central, on n'a à surmonter que le frottement des axes et la résistance de l'air. Mais si l'on place tout à coup au-dessus du disque de cuivre en rotation le pôle d'un aimant d'une grande force ou d'un électro-aimant, le disque s'échauffe, et l'on observe en même temps une augmentation considérable de la résistance du disque dont la rotation ne peut plus être opérée qu'avec bien plus de difficultés. On sait qu'il se produit, dans un conducteur dont la rotation a lieu à proximité d'un aimant, un courant électrique perpendiculaire à la direction du mouvement. Puisque, dans le disque dont la rotation est rapide, ces courants se reproduisent toujours de nouveau, le disque doit s'échauffer et, dans certaines circonstances, atteindre une température rouge. Mais l'apparition de cette nouvelle force doit être déduite d'une autre force, et celui qui fait l'expérience observe que c'est le bras qui fournit cette force, puisque le disque est bien plus difficile à mettre en mouvement qu'auparavant. Si l'on enlève l'aimant, le disque se refroidit et recommence de suite à effectuer sa rotation avec une entière facilité. Dans ce cas, la force mécanique du bras est transformée par le magnétisme en électricité et l'électricité est transformée en chaleur par la résistance du conducteur. Nous avons ainsi le renversement de l'expérience d'Arago. Si l'aiguille magnétique suspendue suit le disque de métal en rotation, ce dernier reste froid : si l'on arrête l'aiguille, le disque doit s'échauffer.

Pour arriver à une production de *lumière*, nous avons besoin d'une production continue de chaleur sensible qui soit produite par une compensation de différence chimique. Nous pouvons retenir de la chaleur au moyen de mauvais conducteurs, mais cela n'est pas possible pour la lumière qui n'a aucun conducteur. Mais, peut-on demander, où s'en est allée la lumière lorsque la lampe a été éteinte?

Elle est contenue sous forme de chaleur en dedans des parois de la chambre éclairée !

Tel est le point jusqu'où va M. Mohr ! Tout ce qu'il avance arrive à cette thèse : *La force ne peut être ni créée, ni détruite,* — thèse qui promet à nos méditations une base fondamentale aussi étendue et aussi certaine que la thèse de l'éternité de l'existence de la matière qui n'est plus discutée depuis longtemps. Si cette thèse était confirmée en tous sens par les recherches continues des physiciens, ce qu'il paraît à peine possible de considérer comme douteux, nous aurions obtenu une expression scientifique déterminée pour une vérité naturelle dont la connaissance promet des avantages égaux à la physique et à la philosophie, et qui projettera une lumière tout à fait inattendue sur une quantité de faits antérieurs restés plus ou moins obscurs. Sans doute il existe dans la nature un grand nombre d'exemples qui paraissent démontrer indubitablement au jugement des profanes qu'une force peut être produite de rien ou peut se transformer en rien, mais cela n'est qu'une *apparence*, parce qu'une *transformation* de la force présente une grande ressemblance avec une *création* de la force pour l'œil qui n'est pas rendu plus pénétrant par la pratique des sciences. Un examen plus exact des faits devrait mettre hors de doute que, dans aucun phénomène naturel, il ne se perd un atome de force ou de mouvement, mais qu'il existe une chaîne ininterrompue et sans fin de modifications qui se déterminent successivement les unes les autres. Lorsqu'une pierre tombe sur la terre, cette pierre n'a pas perdu sa force de mouvement, comme il pourrait le paraître, pour rester inerte sur la terre ; cette force n'est pas devenue rien : mais deux corps d'inégale grosseur, la pierre et la terre, se sont mis en mouvement dans un sens opposé l'un à l'autre, et par suite, le mouvement du dernier étant celui d'une masse énorme par comparaison avec la pierre, est tout à fait inappréciable pour nos sens : et la rencontre des deux corps doit avoir les mêmes effets que dans les exemples indiqués par le savant M. Mohr, qui nous sert ici de caution. Ainsi donc, il ne se perd un tant soit peu, ni de la force, ni du mouvement de la pierre : en effet, elle a arrêté la terre dans son mouvement, aussi bien qu'elle a été arrêtée par elle dans son propre mouvement.

Cette loi de l'indestructibilité de la matière a reçu jusqu'ici différents noms. Faraday, dans le discours que nous avons déjà mentionné et qu'il a prononcé à l'Institut royal de Londres le 27 février 1857, la désigne sous le nom de : « *the conservation of the force* », expression que celui qui en a rendu compte, a traduit par : « *Erhaltung der Kraft* (conservation de la force) ». Helmcholtz aussi la dénomme précisément : « *Prinzip der Erhaltung der Kraft* (principe de la conservation de la force). » Un autre traducteur, dans « *Ausland* », 1857, n° 16, traduit : « *Unversehrbarkeit der Kraft* (inviolabilité de la force) ». D'autres lui donnent le nom de « équivalence des forces », « équilibre de tous les mouvements », « unité de la force », etc. Nous avons choisi l'expression « immortalité de la force », parce qu'elle nous paraît exprimer le mieux l'essence de la chose, puisqu'elle constitue le corrélatif le plus convenable de ce qu'on est actuellement habitué en général à désigner sous le nom « d'immortalité de la matière », et parce qu'elle se recommande enfin par ce fait qu'elle fait entrevoir la signification, non-seulement physique, mais aussi philosophique de cette nouvelle vérité naturelle. L'immortalité de la force indique, de la même manière que la permanence de la matière, un enchaînement sans commencement ni fin, de cause primitive et d'effet, l'éternité, la perpétuité et l'immortalité, non pas assurément de l'être pris isolément ou de l'individu, mais de la masse ou de tout l'ensemble. Plus la science naturelle avance dans ses recherches, plus elle apprend à connaître que rien ne se crée et rien ne disparaît, mais que tout reste dans un cercle éternel qui se subvient à lui-même, dans lequel tout commencement est une fin et toute fin un nouveau commencement.

VII

FRANTZ CONTRE SCHLEIDEN

(1857)

M. le professeur Schleiden doit consentir à voir de temps en temps son nom livré au public à propos de choses qui sont très-éloignées de l'objet de ses études habituelles. Ainsi l'auteur du *Zendavesta* ou des « choses de l'autre monde » a découvert il n'y a que peu de temps une relation entre *Schleiden* et la *lune* et en a fait le sujet d'un livre particulier : « Le professeur Schleiden et la lune ». Quelque éloignée que puisse être cette corrélation, elle peut cependant à peine être plus rapprochée que celle que M. A. Frantz (*A. Frantz, Doctor der Theologie, Superintendent und Oberpfarrer zu St-Jacobi in Sangerhausen*) a découvert entre M. Schleiden et les prétentions des sciences naturelles exactes, et qui l'ont engagé à poursuivre de ses « commentaires polémiques (*polemischen Glossen*) » M. Schleiden comme un défenseur du matérialisme (voyez : Dr A. Frantz : *Die Prätensionen der exacten Naturwissenschaft, beleuchtet und mit polemischen Glossen wider Herrn Professor Dr Schleiden begleitet;* Dr A. Frantz : Les prétentions des sciences naturelles exactes, éclairées et accompagnées de commentaires polémiques contre M. le professeur docteur Schleiden. Nordhausen, 1857). Pauvre Schleiden ! Injuste persécuteur ! Me suis-je en effet entièrement trompé, ou bien, dans les « *Illustrirten*

Monatsheften (Livraisons mensuelles illustrées) » de Westermann, n'es-tu pas entré en campagne, hardiment et sans aucun égard, contre les matérialistes et leurs « preuves d'écolier de classe inférieure », et n'as-tu pas démontré qu'ils s'appuient tout à fait à tort sur les résultats de l'étude des sciences naturelles pour confirmer leurs propositions, et que les sciences naturelles s'occupent des corps, mais jamais de l'esprit ? « Oh ! n'agite pas tes appâts de sang vis-à-vis de moi » — peux-tu, dans tes acclamations, accoler ton antagoniste hideux avec Macbeth. — « Tu ne peux pas dire que je l'ai fait ! » Assurément cela te servirait peu ! Pour l'œil des « justes » tu es à un rang qui n'est pas meilleur que ceux qui se trouvent dans les bas-fonds du bourbier du matérialisme, et tu te rencontreras avec eux — ô horreur ! — sur le même gril dans la fournaise éternelle !

Mais, de quoi s'agit-il en réalité ? — demandera notre lecteur, et quel reproche M. Frantz a-t-il donc à faire à M. Schleiden ! Eh bien, c'est une chose toute simple. Lorsque M. Westermann, de Brunswick, a eu, il y a quelques années l'idée de relever en Allemagne le niveau de l'intelligence à un degré de plus en plus élevé au moyen de ses « *Illustrirten Monatshefte* », M. Schleiden qui a enrichi de ses idées fécondes un si grand nombre de sujets scientifiques, ne s'est-il pas laissé prendre à donner, dans ces feuilles, son opinion sur la question brûlante du jour, sur le « matérialisme », et au nom du mode d'étude des sciences naturelles qu'il dénomme « orthodoxe », à renvoyer aux sujets qui sont de leur compétence, d'une part les attaques des philosophes et des théologistes et, d'autre part, celles des matérialistes. Il a fait la découverte digne de remarque, bien qu'entièrement en contraste avec toutes les expériences de ces derniers temps, que les sciences naturelles n'ont rien à faire avec les sujets de la philosophie et de l'intelligence et ne doivent s'occuper que du monde corporel !!! « *Tous ces sujets* », ainsi s'exprime-t-il dans un endroit de son mémoire, « *sont du ressort de la vie intellectuelle de l'homme et ne touchent en rien les sciences naturelles !* » Vraiment, il en est ainsi, il en est réellement ainsi, il l'a écrit » — et celui qui ne veut pas le croire, peut le lire lui-même à la page 42 de la livraison d'octobre de l'année 1856 : et lorsqu'il a lu la citation, il peut avec assurance mettre le livre de côté; en effet, le reste ne contient que des variations de ce seul thème, entremêlées d'une quantité de sorties mordantes, tantôt contre les philosophes, tantôt contre les matérialistes, tantôt contre tous et contre tout. » Bavardage de maisons de fous », « impuissance absolue », « ignorance brutale » — ces expressions et d'autres semblables viennent aussi facilement au bout de la plume de M. Schleiden qu'au bout de celle des autres écrivains qui ne sont pas à la même hauteur que lui, l'usage de l'article et du monosyllabe « et » : il n'y a que trois personnes qui sortent intactes dans ce verdict général de condamnation, savoir Newton, Kant et — Schleiden. S'il est admissible, conformément à une ancienne manière de s'exprimer, que « la sagesse ait pu être mangée avec une cuiller, » nous pouvons être sûrs que M. Schleiden doit s'être trouvé dans cette situation agréable. Sa sagesse est si illimitée, qu'en dehors de lui il ne doit plus pouvoir en exister et que son époque et les courants intellectuels de cette époque ont trouvé en lui un maître, non-seulement pour l'enseignement, mais aussi pour la réprimande.

Mais, provisoirement, c'est assez parler de M. Schleiden et de son article ! Il n'est pas assez important pour qu'il soit besoin de s'y arrêter longtemps, et l'idée qui y est développée se trouve si profondément en contradiction avec tout ce qui excite actuellement avec le plus de force l'intérêt de nos contemporains, qu'une réfutation de ses idées, en partant du point de départ des sciences naturelles libres ou non «orthodoxes», peut paraître superflue. De plus, c'est dans les classes de personnes qu'elle concernait de plus près, qu'elle paraît avoir rencontré le moins de considération : en même temps, on doit s'étonner qu'elle ait excité précisément le plus grand mécontentement de ceux dont elle aurait dû exciter le plus la satisfaction. Si Schleiden avait en effet raison, la pointe sur laquelle pivote tout le mouvement intellectuel, serait brisée, et le mysticisme qui domine dans le ressort des sciences de l'intelligence (sciences noologiques) n'aurait plus ultérieurement rien à craindre des sciences naturelles et de leur influence libératrice sur la culture générale de l'esprit. Mais le point de vue de M. Schleiden est si peu soutenable que même ceux auxquels il a fait un si grand plaisir et pour lesquels ses concessions sont beaucoup trop faibles pour *leurs* désirs, ne veulent pas le partager. *Ils* maintiennent aussi, en contradiction avec les idées du naturaliste, la liaison intime des sciences naturelles avec toute la vie intellectuelle de l'humanité : ils veulent aussi la lutte ou la soumission sans condition à l'autorité de la religion révélée. Pour *eux*, non-seulement Schleiden, mais tout naturaliste dont les travaux suivent les tendances modernes, est un matérialiste, un homme qui a des prétentions injustifiables et, dans leur opinion, on ne peut pas réagir contre l'idolâtrie et le culte du moloch du matérialisme par des raisons tirées de la logique ou des sciences naturelles, mais seulement par « la science religieuse et la vie religieuse », par « la sanctification du temps dans l'esprit du christianisme » et par l'intervention d'un prophète Élie dont on doit attendre la venue dans un avenir prochain et « qui fera descendre le feu du Seigneur sur l'autel des profanes de notre époque pour dévorer leurs holocaustes, leurs bois, leurs pierres, leur monde, et boire l'eau des fossés — » (I, Rois, XVIII, 38). (Voy. A. Frantz : ouvrage indiqué, p. 7.)

« Bien rugi, ô mon beau Lion » ! Cela se fait bien entendre ! C'est un point de départ auquel il faut attacher une certaine attention, surtout parce qu'il est un point de départ, le point de départ de la croyance ferme, inébranlable, à la religion révélée et à l'éternelle vérité de cette religion contre laquelle aucune science, aucune étude de l'esprit humain ne peuvent prévaloir et à laquelle on doit se soumettre aveuglément. Ce point de départ, considéré *au point de vue scientifique*, peut bien contenir une négation encore plus hardie et plus bornée des faits et des bases fondamentales, les mieux démontrées, des sciences naturelles exactes, — il s'y rencontre du moins un caractère, une opinion tranchée et cette franche loyauté qui ne cherche pas à recourir aux faux-fuyants théologiques, mais qui confesse ouvertement les antithèses existantes et réclame une réforme totale de la science ennemie dans le sens de l'esprit religieux. Et comme M. Frantz — ainsi qu'on pourrait peut-être l'admettre — représente, non pas seulement sa personnalité même et son opinion personnelle, mais un parti clérical nombreux et qui domine à présent dans bien des localités ; comme il déduit son point de départ philosophique, — si l'on peut lui octroyer en général la désignation de philosophique, — non de son propre fonds, mais de la philosophie religieuse de Baader et de son école qui est très-répandue actuellement, comme enfin la totalité de son écrit laisse échapper les effets de lumière les plus vifs sur le rapport de la théologie et de l'étude de l'histoire naturelle qui est si souvent examinée à l'époque actuelle, il mérite bien que nous nous donnions la peine de reproduire les principes fondamentaux de ses idées — bien que seulement dans ses traits les plus généraux et avec une très-grande concision. En tant que l'auteur de cet ouvrage a pu les reproduire après une lecture rapide, superficielle, — en effet il n'a pu trouver ni courage, ni nécessité pour en faire plus, — ces principes fondamentaux doivent se trouver exprimés dans ce qui suit.

De prime abord, M. Frantz proteste avec netteté contre toute séparation de la théologie et des sciences naturelles et explique que la science religieuse ne veut accepter dans aucun cas la proposition intermédiaire de M. Schleiden. En outre, les sciences naturelles mêmes, dit Frantz, seraient très-bornées si elles ne voulaient permettre qu'on rétrécisse le champ de leurs études de la manière que Schleiden a tenté de le faire : elles ne doivent plus s'occuper que de l'étude du monde matériel, et elles se trouvent rattachées par un rapport vital avec toutes les autres sciences. Les violentes sorties de Schleiden contre ceux qui pensent autrement que lui, ne sont que des signes de sa propre faiblesse, et son opinion que le vrai naturaliste ne doit être ni partisan, ni adversaire du matérialisme, n'est qu'une émanation de son orgueil personnel, par suite duquel il s'imagine avoir réuni la science dans un affermage général ! La discussion relative au matérialisme n'est pas aussi confuse et aussi risible que M. Schleiden le croit : il s'y trouve au contraire en face les unes des autres des antithèses très-déterminées et très-importantes et des points de départ fondamentaux. Le matérialisme n'est pas le fruit de la science, mais il est le fruit de l'antipathie contre l'esprit religieux qui s'est emparé inopinément de notre époque pervertie. Toute notre existence à l'époque actuelle présente une tendance matérialiste constituant le revers complet de la médaille dont l'une des faces est formée par l'esprit religieux, et la lutte qui commence à poindre contre le matérialisme, lutte entre le Christ et Bélial, provient du réveil de cet esprit. La religion seule peut réagir contre cet abaissement de l'esprit religieux : elle est le seul lien qui rattache l'une à l'autre toutes les sciences, et elles doivent toutes rester sous sa domination. En ce qui concerne en particulier les sciences naturelles, ce sont elles qui ont le plus souffert de l'affaiblissement de l'esprit religieux, et cela s'applique surtout en particulier à la *physique* qui a perdu son caractère profondément religieux et a fait tout rentrer sous l'empire des lois naturelles.

Quant à l'hypothèse que les lois naturelles suffisent à l'explication du monde matériel, c'est une des premières *prétentions de ces sciences naturelles exactes* qui est rejetée par la religion, et elle ne peut pas être justifiée. Des *prétentions* forment tout ce que peuvent émettre, dans l'état actuel, les sciences naturelles relativement à l'existence des atomes, à l'indestructibilité de la matière, l'autorité des lois naturelles, l'état du ciel, etc., etc. — *La chimie ne comprend rien à la matière, ni à la nature.* Les matières qui donnent de la fumée, se consument dans l'air et démontrent ainsi la destructibilité de la matière ! ! ! Dans les expériences chimiques, il en est tout autrement que dans la nature : la chimie est donc tout à fait hors d'état de démontrer l'immortalité de la substance matérielle ou l'indestructibilité de la matière qui n'est rien autre chose qu'une « vaine fiction doctrinaire ». *Les soi-disant lois naturelles n'existent pas réellement :* elles ne sont que des rêveries de l'imagination ne présentant rien de réel. Tout ce qui nous vient de nos sens, ne possède aucune réalité positive : l'*esprit* seul détient la portion réellement positive de notre existence. La physique de Newton est fausse, de même que le mode mathématique d'envisager la nature est tout à fait erroné. Les mathématiques n'ont déterminé que du désordre dans la physique et lui ont fait perdre son essence propre : elles ont transformé la profondeur mystérieuse du ciel en un terrain plat sur lequel elles ont déployé les chaînes d'arpentage de leurs formules mathématiques, etc., etc. Pour nous exprimer en peu de mots et avec exactitude : *l'ensemble des sciences naturelles à l'époque actuelle s'est laissé entraîner, par la mauvaise direction qui y domine, dans la voie erronée du matérialisme : une malédiction est venue s'appesantir sur ces sciences !* Ce qui est désigné actuellement sous le nom de sciences naturelles exactes basées sur les principes mathématiques, n'est autre chose que le matérialisme exact : tous les principes fondamentaux de ces soi-disant sciences exactes sont faux et doivent être rejetés. Le seul symbole de la vraie science naturelle doit être dorénavant : « Je crois en Dieu le père, le créateur tout-puissant du ciel et de la terre. » La science naturelle est reliée à la religion par un lien de solidarité, et la science naturelle religieuse est la seule vraie et légitime, comme aussi la philosophie doit dans l'avenir être seulement religieuse. Jacob Böhme et Franz Baader sont les coryphées de cette philosophie religieuse.

Enfin, M. Frantz joue son grand jeu (*Haupttrumpf*, matador) dans un dernier chapitre dirigé contre les prétentions de *l'astronomie*. L'astronomie et la théologie se trouvant, suivant lui, par le fait du *système du monde de Copernic*, dans un état de séparation qui ne conduit et ne peut conduire à aucune solution en suivant les principes modernes des sciences naturelles. Tout ce système est faux et, par l'action de ce système, toute l'astronomie moderne en est venue à être la véritable hôtellerie du matérialisme. Il est tout à fait contraire aux Écritures de croire que la terre n'est qu'une étoile et tourne autour du soleil, et cette fausse théorie provient seulement de ce que l'astronomie a été pervertie par les mathématiques qui l'ont fait descendre des hauteurs du spiritualisme. *La terre ne tourne pas autour* du soleil comme une étoile, mais elle est au contraire le point central et le but unique du système du monde. L'ancien système, qui est désigné sous le nom de *système terrestre*, est le seul exact, et la supposition que les étoiles sont des mondes comme la terre, est une de ces hypothèses extravagantes qui ont existé autrefois, mais ne doivent plus se maintenir à notre époque. La terre est fixe : elle est un corps obscur, tandis que les étoiles sont les lumières brillantes du ciel. Toute l'astronomie moderne s'appuie sur un mécanisme inintelligent, et celui qui y croit est un matérialiste, comme, en général, non-seulement les naturalistes en particulier, mais tous ceux qui approuvent la direction nouvelle et perverse de l'étude de la nature, ne sont pas autre chose que des matérialistes.

Telles sont, en abrégé, les idées savantes et perverses de M. *A. Frantz, Doctor der Theologie, Superintendent und Oberpfarrer zu St. Jacobi in Sangerhausen*, puisées dans l'école de philosophie religieuse de MM. Baader, Hofmann, etc., etc., qui sont considérés par leurs nombreux adhérents comme de grands philosophes et de grands savants. Tout commentaire est superflu à cet égard et peut faire tort à l'action drastique exercée sur le lecteur par ces expectorations. Il s'y rattache bien sans aucun doute une série d'observations intéressantes qui doivent jeter des lumières très-vives sur le rapport de la théologie et de l'étude des sciences naturelles, ainsi que sur les désirs et les espérances, mais aussi sur les craintes du parti clérical et de la direction théologique actuellement dominante. Il pourra peut-être se trouver ainsi démontré quelle haute et importante mission est dévolue précisément dans de telles circonstances aux sciences naturelles dans la lutte générale contre l'ignorance et l'obscurantisme et combien est grand le tort de ceux qui, dans une pareille lutte, veulent désarmer les combattants, et qui s'efforcent de paralyser l'influence que doit exercer nécessairement sur notre développement intellectuel ultérieur une connaissance scientifique de la nature, coordonnée par principes. Toutefois les idées de M. Frantz sont exprimées avec tant de franchise et avec si peu de réticence, et se commentent si bien elles-mêmes, que, franchement, nous avons cru devoir abandonner à l'examen personnel de notre lecteur la coordination de toutes ses considérations. Quant à M. Schleiden et à ceux qui pourraient, peut-être, avoir de la tendance à donner leur assentiment à son opinion, ils peuvent prendre M. Frantz pour exemple et reconnaître dans quelle fâcheuse position on se met par des hypothèses comme celle qui a été émise par Schleiden à l'égard de sa propre science et de l'esprit de son temps. On pourrait dire, en se mettant en opposition complète avec ces hypothèses, qu'une des causes les plus profondes de la division qui détermine la maladie de notre siècle, doit être recherchée dans l'antithèse inconciliable et inconciliée jusqu'ici de l'éducation religieuse et de l'éducation scientifique.

A une époque plus récente, un écrivain qui a fixé surtout son attention sur cette question, exprime la même pensée (« *Tausend Stimmen wahrer Religion gegen die Kirche* », Mille paroles de vraie religion contre l'Église,

Gotha, 1860) en ces termes : « une fusion en un seul tout des études naturelles avec l'instruction religieuse et l'instruction scientifique est une condition essentielle de l'humanité et de la civilisation de notre époque, et c'est dans l'absence de cette fusion en une unité que réside la cause première de toutes les directions anormales de l'esprit dans la science et dans la vie, la cause première de tous les schismes dans la religion. L'établissement d'une unité organique, dans laquelle l'étude de la nature vient se fondre avec l'instruction religieuse et l'instruction scientifique, est donc la mission principale de l'humanité et de la civilisation à notre époque. »

VIII

TERRE ET ÉTERNITÉ

(Histoire naturelle de la terre considérée comme cours circulaire d'évolution en opposition avec la géologie contre nature des révolutions et des catastrophes : « Die natürliche Geschichte der Erde als kreisender » Entwicklungsang im Gegensatze zur naturwidrigen Geologie der Revolutionen und Katastrophen », par H. G. O. Volger. Frankfort-sur-le-Mein. Meidinger Sohn und comp.)

(1857)

Rien dans le monde — ainsi s'exprime Volger dans les considérations préliminaires qui sont placées en tête de son livre remarquable qui, destiné à mettre fin à notre croyance aux révolutions géologiques, voudrait même déterminer une révolution dans la science et dans toutes nos idées actuelles relatives au passé de la terre et de sa population — rien dans le monde n'a eu ni commencement, ni fin, bien qu'il puisse *sembler* à notre intelligence bornée que rien ne peut exister sans commencement, ni fin. Nous ne voyons pas l'*essence*, mais nous voyons seulement les *phénomènes apparents* des choses, et nous croyons, par cette raison, à une production et à une destruction, à une naissance et à une mort, tandis que la réalité ne connaît rien de tout cela, mais constitue une chaîne interminable, formant un cours circulaire, sans commencement, ni fin, unique, uniforme, qui n'est pas troublée par les variations de l'évolution des phénomènes. Nulle part, cette vérité ne se montre plus clairement que dans cette histoire de la terre qui est positivement appelée à tort une histoire de la terre, puisqu'elle n'est autre chose qu'une histoire de la *surface* de la terre. Nous ne connaissons qu'une couche mince de la terre qui est tout à fait extérieure : mais, de cette connaissance, nous déduisons une histoire présentant des aperçus infinis, des éternités. Nulle part dans l'histoire, nous ne rencontrons des phénomènes qui soient différents de ceux qui s'accomplissent actuellement, et « aucune des relations accessibles à l'observation de nos sens ne nous permet d'admettre que la chaîne des phénomènes que la surface de la terre nous montre a présenté un commencement et aura une fin. »

Avant d'en venir à parler de la manière particulière dont il envisage les choses, Volger commence par une exposition de la théorie bien connue de Laplace relative à la formation de notre système planétaire et par une représentation de l'état dans lequel se trouvait le monde avant qu'il commençât à être ainsi. Cette théorie dont la découverte est assez généralement attribuée au Français *Laplace*, avait déjà été proposée bien longtemps avant lui par le philosophe allemand Kant, dans son « *Allgemeiner Naturgeschichte des Himmels* (Histoire naturelle générale du ciel), 1755 », et est redevable de son origine aux philosophes grecs Leucippe, Démocrite et Épicure qui admettaient déjà une dispersion générale primordiale de la matière première de la terre et de tous les corps qui constituent le monde, et considéraient ces derniers comme formés par des révolutions affectant la forme de tourbillons et par le *hasard*. Relativement à la coordination des corps de l'univers dans le ciel, telle que l'astronomie nous apprend à la connaître aujourd'hui, les philosophes de la Grèce et notamment les pythagoriciens, en avaient des idées très-exactes qui ont persisté jusqu'à ce qu'elles se soient perdues de nouveau au moyen âge par l'influence du christianisme. Ce sont seulement Copernic (1543), Kepler et Newton qui, malgré les persécutions continues que leurs idées ont eu à subir de la part de l'Église, ont remis en lumière la vérité.

La théorie de Kant et de Laplace est bien connue. La cause première de la formation des corps de l'univers a dû être un mouvement général de tourbillon produit par attraction et répulsion d'ouest en est dans la nébulosité qui constituait primitivement l'univers. Volger considère comme possible que la matière actuellement solide et compacte puisse un jour être soumise à une nouvelle *dissolution* et une nouvelle *dispersion* de la masse des corps de l'univers et que, dans la masse dispersée, il se produise des phénomènes semblables ou analogues à ceux qui se sont manifestés antérieurement. Par le fait, il existe des phénomènes astronomiques qui rendent probable l'hypothèse que les corps célestes et les systèmes des corps célestes sont soumis également à une alternative de naissance, de destruction et de formation à nouveau, comme tous les êtres de la nature pris isolément; mais ces évolutions ont besoin, pour s'opérer, d'espaces de temps inaccessibles à nos mesures et à notre imagination. Ainsi nous rencontrons encore dans ce cas l'une des lois universelles du cours circulaire éternel de la nature, dans lequel aucune individualité n'a de durée, tandis que l'ensemble ou la matière éternelle est seule indestructible, immuable, sans commencement, ni fin. Quelles analogies remarquables cette grande loi présente dans tous les phénomènes de la nature, de la vie et de l'histoire qui nous sont connus, lorsque nous promenons rapidement nos regards sur l'ensemble de notre savoir! Non-seulement tout être isolé, toute pierre, tout cristal, toute plante, tout animal, tout homme, tout corps céleste présente, dans son existence, un mouvement ascensionnel ou descensionnel ; mais aussi toute espèce, tout système, tout sexe, tout peuple, toute histoire, toute opinion sont soumis à la même loi sans exception. Naître, exister un certain temps, puis périr pour céder la place à une autre existence qui toutefois est semblable, telle est la loi commune de tout ce qui existe, et ni les éphémères, ni les corps célestes qui vivent des milliers d'années, ni l'histoire des hommes, ni celle de l'humanité, ne peuvent présenter une seule exception à cette loi. Mais laissons de côté cet aperçu rapide de la fantaisie pour revenir à la terre dont Volger sait nous rapporter des choses si importantes, et à ses premiers âges : en effet, elle vieillira aussi un jour et retournera, comme tout ce qui se trouve à sa surface, dans le giron primordial de tout ce qui est, pour fournir la matière à des formes nouvelles et jeunes qui s'engendreront dans son cadavre en décomposition.

Relativement à la manière dont l'épaississement de la matière a dû s'opérer lors de l'origine du monde, Volger croit pouvoir émettre la conclusion que tout corps céleste — de même que la terre — a dû être une sphère creuse. Dans cette hypothèse, la densité de la matière doit, conformément à la loi de la pesanteur, augmenter à l'intérieur de la masse solide du globe terrestre, en partant aussi bien de la limite extérieure que de la limite intérieure. Il n'en est pas non plus autrement à la surface de la terre : inférieurement, se trouve le sol ; à la surface, l'eau qui est plus légère, et, par-dessus, l'air qui est encore plus léger — et l'air même est d'autant plus raréfié qu'il se trouve à une distance plus élevée au-dessus de la surface du sol. Dans les états antérieurs de la terre, cette relation a pu être encore plus simple et plus nette, puisque la mer recouvrait *uniformément* le sol. En nous appuyant sur l'observation directe, nous ne pouvons rien énoncer ou énoncer que peu de choses sur l'augmentation de la densité de la masse terrestre à l'intérieur, parce que la terre n'a été observée par nous qu'à une très-faible profondeur ; toutefois, en s'appuyant sur des inductions tirées des découvertes astronomiques, on peut s'assurer que la densité de la terre à l'intérieur doit être énormément plus grande qu'à la surface. Nous ne pouvons rien dire relativement à la grandeur de l'espace creux qui se trouve à l'intérieur de la terre : cependant, suivant Volger, il est probable qu'il existe une corrélation uniforme entre l'augmentation de la densité intérieure et celle de la surface extérieure que nous habitons. Là aussi, il pourrait bien y avoir de l'eau et de l'air, et même de la lumière et de la chaleur.

En ce qui concerne la *chaleur de l'intérieur de la terre*, Volger dont l'opinion se trouve ainsi en contradiction avec toutes les théories géologiques en faveur jusqu'ici, se déclare nettement en opposition avec l'hypothèse que la terre, pour se former, est sortie d'un état liquide provenant de la température rouge à laquelle elle se trouvait et que, par suite, elle est formée aujourd'hui d'une sphère incandescente, entourée d'une couche mince de matière solide. Nous n'avons, explique M. Volger, aucune connaissance des états de chaleur de l'intérieur de la terre et rien ne nous autorise à déduire ce qui se passe à l'intérieur du fait bien connu de l'augmentation de la chaleur à la surface de la terre. Il serait bien possible qu'il se trouvât à l'intérieur un petit noyau liquide, mais il est impossible que la terre soit une masse fondue recouverte d'une couche mince de matière solide. Peut-être pourrait-elle aussi être « froide jusqu'au centre ». Relativement aux relations d'évolution continue des phénomènes terrestres, l'admission ou le renversement de cette théorie de la chaleur centrale ne présente du reste aucune importance. Même en l'absence de cet état d'incandescence, les phénomènes terrestres pourraient ne pas se développer autrement qu'ils se sont développés.

Dans un troisième chapitre qui est le principal et qui est intitulé : « *Urkunde zur Geschichte der Erde* (documents pour servir à l'histoire de la terre) », l'auteur pénètre dans le domaine proprement dit de la géologie ou de l'étude de la terre. Que trouvons-nous sur le sol sur lequel nous vivons ? Telle est la question qu'il se pose et dont la réponse est : des *tombes* — rien que des *tombes !* Vient ensuite une représentation vive et idéale de toutes les merveilles et de toutes les curiosités que l'étude des roches permet de découvrir à l'œil du savant. Sur les sommets les plus élevés des Alpes abondent les débris d'animaux maritimes des temps anciens. Dans les lignites de Salzhausen, on trouve des grappes de raisin bien conservées et des restes de plantes qui n'ont jamais poussé dans la Hesse à notre époque. Il s'y trouve des tiges qui ont atteint l'âge de deux mille cinq cents ans ! Dans le cœur de l'Allemagne, il y avait autrefois des mers et des volcans, et la contrée pouvait avoir la même apparence que possèdent actuellement les pays riverains de la mer Méditerranée à proximité du Vésuve. Toutes les couches de notre terre démontrent, avec une rigueur qui ne peut pas être méconnue, qu'elles ont dû se déposer l'une après l'autre par lits sous forme de dépôts sédimentaires laissés par les eaux : elles portent donc avec raison le nom de « couches ». Un très-grand nombre de ces couches se trouvent encore aujourd'hui au niveau de l'eau et dans leur position primordiale : mais plus fréquemment cette position s'est modifiée dans le cours des temps, et les couches ont alors subi les déplacements les plus variés. Le sol même sur lequel nous vivons et que nous considérons comme si solidement établi, ne présente, comme tout dans la nature, aucune fixité, aucun repos, mais subit des modifications, des soulèvements, des ébranlements par tremblement de terre, etc., etc., qui sont continus, bien qu'ils ne se manifestent pas, dans la plupart des cas, d'une manière aussi insensible. Quelques États riverains s'enfoncent continuellement dans la mer, d'autres s'élèvent incessamment au-dessus des eaux : et nous avons de ce fait des exemples très-nombreux. Il en est de même de la terre ferme et des chaînes de montagnes sur lesquelles des éboulements spontanés et insensibles de vieux édifices fournissent la preuve d'un mouvement incessant du sol. Enfin de nombreux tremblements de terre dont la fréquence est telle qu'il ne peut pas se passer une seule journée sans qu'il s'en manifeste, travaillent sans cesse à la modification de la *surface de la terre*. Les *mêmes* portions de la surface s'affaissent dans *cette* période et s'élèvent dans une *autre*, etc., etc.—Une exposition de la *succession des couches* qui vient ensuite, nous fait connaître les *terrains primordiaux*, exempts de fossiles, à la suite desquels viennent se placer : les terrains de transition, les terrains houillers, les terrains schisteux, les terrains salifères, les terrains jurassiques, les terrains crayeux, les terrains molassiques, enfin les terrains de récente formation. Volger considère cette division comme plus simple et meilleure que la division ancienne en terrains primaires, secondaires, etc., etc., avec des subdivisions qui avaient pour point de départ des idées fausses sur l'histoire de la formation de la terre. L'épaisseur de la portion de l'écorce de la terre qui constitue les couches ainsi divisées, est évaluée par Volger à *un mille* au moins. Toutes ces couches présentent entre elles des relations qui n'ont jamais été différentes de ce qu'elles sont actuellement : il n'y a pas eu non plus, dans l'histoire de la terre, d'autres forces, d'autres lois que celles qui existent aujourd'hui ! Ce que l'on appelle actuellement *terrains primordiaux*, constituait autrefois des terrains de *formation récente* et qui ne présentaient pas un autre état que nos terrains actuels de formation récente qui, de leur côté, constitueront plus tard des terrains primordiaux. L'âge relatif des couches est déterminé, ainsi qu'on le sait, par les restes organiques qui s'y trouvent, et la variété de ces restes, ainsi que la séparation des couches isolées, a donné à penser que la terre avait subi autrefois des catastrophes et des révolutions subites et puissantes. Rien de tout cela n'est vrai. Volger énonce cette hypothèse intéressante que, même *au-dessous* des terrains primordiaux, il peut se trouver des couches de terrains qui contiennent des restes organiques semblables à ceux que nous connaissons. Relativement aux terrains primordiaux même, il pose en fait qu'ils ont pu renfermer autrefois des animaux et des végétaux, mais que, par suite des modifications profondes et intimes que ces terrains ont subies dans le cours d'un espace de temps infiniment prolongé, les restes de ces animaux et de ces végétaux ne sont plus reconnaissables pour nous. De là résulterait cette conclusion, d'une importance infiniment grande, qui renverserait toutes nos idées, que la vie sur terre, aussi loin que nos connaissances nous permettent d'atteindre, *n'a jamais eu de commencement !*

Nous ne connaissons que des modifications des formes de la vie, mais non de la vie même, et notre œil étonné ne peut, partout où il se tourne, rencontrer que des *éternités !*

Relativement au fait que la *chaleur de la terre* est plus

considérable dans les profondeurs de la terre qu'à la surface, mais que cette augmentation est très-variable et très-irrégulière, nous l'avons déjà mentionné précédemment, et il n'est ici question que de sa provenance, de ses sources. Volger désigne pour sources de cette chaleur la *condensation*, le *mouvement* et la *transmutation de la matière*. Comment la chaleur se produit-elle à une très-grande profondeur, nous ne le savons pas. Les *sources chaudes* et les *volcans* montrent que, du moins en certaines places, la chaleur de la terre peut monter à des degrés très-élevés, mais ne confirment pas l'hypothèse d'une augmentation qui progresse en général d'une manière continue jusqu'au centre de la terre où elle affecterait la forme d'une masse liquide, incandescente. Si la terre produit continuellement de la chaleur à l'intérieur, elle en perd non moins continuellement à l'extérieur : mais il s'en produit dans la même mesure qu'il s'en perd. Il n'y a donc pas à penser à un refroidissement continuel de la terre, et elle est actuellement telle qu'elle a été et qu'elle sera éternellement. Toute l'histoire de la terre se compose d'une *édification éternelle* et d'une *démolition éternelle*. C'est l'eau qui, ainsi que chacun le sait, travaille à la destruction des roches avec une ardeur qui ne se ralentit et ne se repose jamais. Le granit le plus compact est désagrégé et mis en poussière par l'eau qui s'infiltre dans les fentes qu'il présente et qui s'y congèle. C'est un fait non moins connu que les *glaciers* coopèrent sans aucune interruption à cette œuvre de destruction, et on peut observer le fait sur les *Alpes suisses* qui ont dû être autrefois bien plus hautes qu'elles ne sont actuellement. Le phénomène qui est désigné sous le nom d'*efflorescence* des roches, est la conséquence d'averses d'eau de pluie contenant de l'acide carbonique. La force mécanique et l'efficacité de l'action des torrents et des ruisseaux est également considérable, et les masses de matière que les cours d'eau entraînent continuellement dans leur course, sont énormes. Ils aplaniraient et nivelleraient toute la surface de la terre en un temps donné, s'il n'existait pas, d'autre part, des forces semblables et analogues qui fussent aptes à effectuer une réédification continuelle. Ce n'est donc pas dans les éléments actifs de grande dimension qui nous frappent la vue, mais dans la poussière qui passe inaperçue et que le ruisseau charrie chaque jour, que nous devons chercher ce qui est énorme et ce qui est puissant. Aucune pierre n'est inaccessible à la puissance de l'eau : même à l'intérieur du *basalte* et de la *pierre à feu*, on trouve de petites cavités pleines d'eau qui sont formées par l'écoulement de l'eau contenue dans la pierre, vers un même point. Dans les mines, l'eau s'écoule de toutes les parois : de là vient le nom significatif de « *Bergschweiss* (sueur de mines) ». L'eau est continuellement occupée à laver, à lessiver une grande partie du sol, à lui enlever ses parties constituantes solides. Cela se produit notamment pour les couches *salines* et *calcaires* du sol, et cela va si loin qu'il peut se produire ainsi des affaissements qui sont souvent considérables. Les cavités produites par ces affaissements se remplissent de l'eau des ruisseaux ou des fleuves et forment des *lacs*. Tous les lacs de la Suisse ont été formés par la dissolution de couches puissantes de chaux dans le cours de millions et de millions d'années. Ces lavages et ces affaissements continuels sont si considérables que toute une étendue de terre peut être ainsi submergée au fond de la mer.

Les *éboulements de montagnes* et les *tremblements de terre* ne sont non plus rien autre chose que les conséquences du lavage du sol que nous venons de dépeindre. Les tremblements de terre se produisent lorsque, dans les cavités qui se forment dans l'intérieur du sol par ce lavage, il se produit un affaissement subit. Il est tout à fait impossible que des tremblements de terre se soient produits par l'action de *vapeurs d'eau :* l'eau ne pourrait pas pénétrer jusqu'au foyer incandescent placé à l'intérieur de la terre, s'il y en avait un. Des *volcans* seraient tout aussi peu en état d'acheminer jusqu'à la surface de la terre une portion de cette masse incandescente, parce que, durant cette marche longue et resserrée, la matière incandescente aurait dû s'épaissir longtemps avant d'arriver à la surface. Les volcans ne proviennent pas de l'intérieur de la terre, mais appartiennent au système de couches de la surface de la terre, et la lave n'acquiert probablement son degré de chaleur très-élevé qu'au moment de sa projection au-dehors par le frottement, la combustion des gaz, etc., etc. — S'il se produit ainsi, par l'action de l'eau, une *destruction* continuelle de la surface de la terre, cette même eau travaille, d'autre part, avec une force non moindre, au *rajeunissement* éternel de cette surface. Tout lac sans écoulement doit, avec le temps, être *salin :* par suite, il doit en être de même de la mer, le plus grand lac de la terre. Ce sel et les parcelles de la terre que les torrents viennent y adjoindre, se déposent continuellement de nouveau au fond de la mer et forment des couches de terre. Volger déduit de là par le calcul que, pour obtenir le dépôt du système de couches de terre que nous connaissons, il a dû falloir 648 millions d'années : toutefois, dans son opinion, ce calcul doit, dans tous les cas, donner encore un nombre beaucoup trop faible. C'est seulement pour notre imagination, mais non pour l'essence des choses que la nature est astreinte à l'*espace* et au *temps*. Toute *destruction* fournit la cause d'une *nouvelle production*, de même que toute *nouvelle production* a besoin d'être précédée d'une *destruction :* la nature n'a ni commencement, ni fin.

L'auteur indique ensuite comment l'air coopère activement à l'établissement de la couche terrestre, en faisant remarquer que le vent apporte continuellement à la mer de la poussière et de la terre qui se rassemblent au fond de la mer et entrent dans la confection des couches. Un agent de la production de la terre qui produit un effet plus considérable que celui qui vient d'être indiqué, est ce qui est désigné sous le nom d'*alluvion* des fleuves, qui est susceptible d'élever au-dessus du fond de la mer de grandes étendues de terre. Les plaines de la Lombardie, la Hollande, la Belgique sont des terrains d'alluvion, et le Rhin se déversait autrefois dans la mer à Cologne. Le *Nil*, le *Mississippi* sont aussi la cause première d'alluvions considérables.

C'est dans l'action lente, mais non interrompue du *monde animal* et du *monde végétal* que nous trouvons l'agent qui concourt avec le plus de force à la constitution du sol. Tandis que les substances *insolubles* dans l'eau, qui ont été apportées à la mer, se déposent spontanément d'une manière continue au fond de la mer, les plantes et les animaux enlèvent continuellement à la mer les parties constituantes *solubles*. D'abord, en prenant à l'eau son acide carbonique, elles lui ôtent la faculté de tenir en dissolution la chaux, et cette dernière se précipite au fond de la mer : mais ce n'est pas seulement de cette manière, mais d'un très-grand nombre d'autres très-variées sur lesquelles Volger nous donne beaucoup de détails très-intéressants, que les organismes vivants dans la mer et surtout ceux qui sont les plus petits et les moins apparents, sont occupés à l'édification de l'écorce de la terre, et la nature arrive ainsi, comme partout, à ce que le *grand* soit produit par le *petit* et le *non apparent*. Les couches, produites au fond des eaux par l'intermédiaire des animaux et des plantes, dépassent beaucoup en puissance celles qui se sont formées par l'influence exclusive de la pesanteur. La mer, ainsi que nous l'avons vu, engloutit les montagnes, mais de petits animalcules et de petites plantes à peine visibles réédifient des montagnes et des rochers dans l'intérieur de la mer, et établissent les bases des terres fermes de l'avenir.

Pour une telle direction de la géologie, la question la plus importante est naturellement celle qui est relative à la *formation des inégalités de la surface de la terre*, ou *des montagnes* — question qui, comme on le sait, a été expliquée jusqu'ici par la réaction d'un noyau terrestre liquide incandescent sur sa surface épaissie. Beaucoup d'inégalités se produisent indubitablement, suivant Volger, ainsi que nous l'avons déjà indiqué, par de simple *affaissements :* mais cette cause ne suffit pas pour les expliquer toutes. La cause première la plus importante qui concourt à la formation des montagnes, est plutôt une *extension* et un *froncement des couches de terre isolées* sous la pression des masses qui se trouvent au-dessus, avec lesquelles viennent se combiner en même temps à l'intérieur même des couches une transmutation et une formation de cristaux qui entraînent dans le même mouvement les substances du même ordre. Dans chaque couche des roches, il se forme peu à peu un grand nombre de petits cristaux qui se trouvent dans un état continuel de *croissance,* et, par leur extension, séparent et soulèvent lentement les couches elles-mêmes. En général les couches subissent une transformation intérieure continuelle dont les résultats sont d'autant plus frappants que la couche se trouve placée plus profondément, et, même dans le règne minéral, domine une *transmutation de substance*, sans repos, ni trêve, dont on croyait faussement autrefois qu'elle était bornée au monde *organique*. Par l'humectation au moyen de la chaux et par la précipitation des carbonates terreux, la terre poreuse est transformée peu à peu en une pierre compacte, et une tendance incessante à la production de formes cristallines modifie continuellement les couches de terre de la manière la plus importante. Dans les formations récentes, les formes vitales des plantes et des animaux dominent : dans les terrains primordiaux au contraire, ce sont les cristaux. Les roches primordiales et les granits ne se sont pas formés par le refroidissement d'une masse liquide, incandescente, mais par les transformations cristallines de séries de couches qui, à leur époque, ont été des formations récentes, et cette formation s'est effectuée partout de la *même* manière sur la terre. Il ne s'est pas du reste opéré seulement une transmutation incessante de la *forme* des roches, mais il s'est produit une transformation incessante de la *substance* de ces roches, dont les agents les plus puissants sont deux acides que nous remarquons avec étonnement être les acides *les plus faibles* de la nature. Ce sont l'*acide carbonique* et l'*acide silicique*. Ainsi s'opère un mouvement continu de soulèvement et d'affaissement de la matière auquel vient se joindre une transmutation incessante, et l'équilibre entre la démolition et l'édification s'établit par l'action des forces et des réactions indiquées. La nature est éternellement soumise aux alternatives de dépérissement et de rajeunissement : le monde subit éternellement une alternative de mouvement ascensionnel et descensionnel : et, dans le cours circulaire de la matière qui ne manque jamais, réside le dernier secret de toute existence.

La dernière partie du livre de Volger qui, si cela est possible, surpasse encore les parties antérieures par l'intérêt des questions qui y sont envisagées, traite de *l'histoire des espèces éteintes du monde végétal et du monde animal*, sans laquelle l'expression configuration de la terre présenterait aussi peu de possibilité que l'existence de ce monde même en présenterait en dehors de l'existence du sol sur lequel il s'est développé. Toutes nos idées anciennes relatives à ce sujet sont ébranlées de la manière la plus profonde, depuis que les *terrains primordiaux* sont vus tels qu'ils sont réellement, c'est-à-dire comme des terrains de formation récente ayant subi des transformations, et depuis que le cycle éternel d'alternance entre les terrains primordiaux et les terrains de formation récente a été bien compris. La conclusion qu'il ne devait exister, à l'époque des terrains primordiaux, aucune vie organique, ne peut plus subsister. Les terrains primordiaux eux-mêmes n'auraient pas pu exister sans la présence des plantes et des animaux : en effet, sans chaux, il n'y a ni feldspath, ni granit, puisque la réaction chimique qui donne naissance au feldspath, exige nécessairement la présence de la chaux, et toute chaux est un produit du monde organique. Tant que, en remontant le cours des siècles, on peut observer l'existence du cycle formé par la série de couches que nous venons d'envisager, on peut être sûr qu'il a existé des plantes et des animaux. Mais nous savons aussi peu de choses sur l'origine des couches que sur l'origine du monde organique. L'ancienne opinion d'après laquelle ce monde a dû avoir un commencement, est considérée par Volger comme une expression de la «foi du charbonnier (*Köhlerglauben*)». C'est un fait que les espèces animales s'éteignent encore aujourd'hui, et ce fait ne laisse, d'après l'auteur, aucun doute planer sur la *possibi-*

lité de voir ces espèces réapparaître dans l'avenir. Les espèces n'existent pas depuis des éternités, comme Czolbe l'admet, mais elles vont et viennent, comme cela se présente partout sur la terre. Par l'extinction des espèces anciennes et l'apparition d'espèces nouvelles, le monde végétal et le monde animal se trouvent placés dans un état continuel de transmutation insensible. Une certaine constance domine au contraire, dans la sphère des organismes vivants les plus petits et dans quelques espèces similaires de plantes et d'animalcules qui, à toutes les époques, ont eu pour tâche l'édification des couches de la terre. L'apparence extérieure seule nous a conduits à croire qu'il s'est effectué périodiquement de nouvelles créations qui correspondent aux formations des couches de la terre. Cela n'a pas lieu, et il n'y a jamais eu de *sections séparées* dans l'histoire de la terre. La nature ne reconnaît aucune séparation dans son action, mais reconnaît seulement un développement continu. — Les formes organiques n'ont jamais été plus grandes ou plus monstrueuses qu'elles sont aujourd'hui : la grandeur et la monstruosité se sont montrées seulement dans des espèces différentes de celles chez lesquelles elles se présentent actuellement. Les relations extérieures et climatériques de la terre auxquelles on a attribué une influence si grande sur le développement organique des temps antérieurs, n'ont jamais été essentiellement autres qu'aujourd'hui : jamais une chaleur générale uniforme n'a été répandue sur la terre : il n'est même pas possible que l'eau ait recouvert la terre d'une manière plus générale qu'on ne l'observe aujourd'hui. C'est à la grande insuffisance de nos connaissances paléontologiques que nous sommes redevables de nombreuses erreurs sur le monde organique et sur son importance. L'ancienne idée d'un ensemble de développements progressifs du monde organique doit être abandonnée. On a trouvé des lézards dans les terrains primaires, et des mammifères et des oiseaux dans les terrains secondaires : de nouvelles espèces sont continuellement découvertes, et un lézard a même été trouvé récemment dans les terrains de transition. L'idée de l'épanouissement ultérieur de créations primordiales formées de toutes pièces est également insoutenable. Il y a encore aujourd'hui des êtres naturels formés de toutes pièces. Partout les nouvelles découvertes viennent contredire l'ancienne manière de comprendre les choses et la croyance à une évolution et à une succession continuelles, progressives. Les groupes les plus élevés apparaissent avant les plus petits, et si, parfois, des *progrès en avant* peuvent être observés, on peut observer d'un autre côté des *reculements*. Le nombre des formes les plus élevées diminue avec le temps, tandis que celui des formes inférieures augmente. Volger conclut par l'aveu que *la loi de la transmutation des formes du monde organique n'a pas encore été trouvée !*

Dans un dernier chapitre intitulé *Nachgedanken* (considérations rétrospectives), Volger ajoute qu'une marche progressive du développement de la terre et de ses productions pourrait bien être admise, mais seulement pour des périodes de temps isolées, et non pour l'ensemble tout entier. Dans cet ensemble, nous n'observons qu'un cours circulaire éternel, une révolution éternelle, une répétition indéfinie ! Dans les terrains de transition, nous ne rencontrons pas le commencement du monde organique. Qu'y avait-il donc auparavant ? Toute espèce naturelle, qu'elle soit organique ou inorganique, paraît avoir sa période spéciale d'apparition (*besondere Umlaufszeit*) plus longue ou plus courte, et lorsque cette période est terminée, cette espèce cède la place à une autre. Mais puisque les espèces reviennent, elles démontrent ainsi qu'il n'y a rien de nouveau sous le soleil et que tout ce qui vient au monde a déjà existé antérieurement. « Indéfiniment! » « Éternellement! » — Ce sont les expressions que la nature nous met devant les yeux de tous côtés, pour peu que notre faible intelligence, astreinte à l'espace et au temps, puisse comprendre les idées qui s'y rattachent.

> « Steh, nu segelst umsonst — vor Dir Unendlichkeit!
> » Steh, du segelst umsonst, Pilger, auch hinter Dir!
> » Senke nieder, Adlergedank, Dein Gefieder.
> » Kühne Seglerin Phantasie,
> » Wirfein muthloses Anker hie! »

> Arrête, tu navigues en vain; — devant toi l'Infini!
> Arrête, tu navigues en vain, voyageur, même en arrière de toi!
> Referme tes ailes, pensée d'aigle.
> Fantaisie, hardi voilier,
> Jette ici une ancre dénuée de force.

Tels sont, en résumé, les traits fondamentaux d'un livre dont la lecture fait naître en nous tant de pensées et d'impressions. Aucun de nos lecteurs, qui ne connaît même que superficiellement la marche suivie jusqu'ici dans les théories géologiques et la teneur de ces théories, ne peut manquer de comprendre combien est considérable et inconciliable la contradiction que l'on remarque entre ces théories et les assertions de Volger, et comment ces dernières, si elles sont exactes, doivent renverser tout ce qui avait été considéré comme vrai dans cette partie de la science. La formation de la terre aux dépens d'une masse incandescente, la température autrefois uniforme de la surface de la terre, le noyau liquide incandescent de la terre, la croûte produite par le refroidissement, la formation des montagnes par une réaction de l'intérieur de la terre sur l'extérieur, l'explication des tremblements de terre, des volcans et des sources chaudes par la même relation, la production des roches cristallines au moyen de masses fondues, puis refroidies ; le contraste rigoureux entre les roches cristallines et les roches stratifiées qui en dérive, l'origine du monde organique sur la terre et la série graduellement progressive des espèces organiques ; — tout cela et beaucoup d'autres choses analogues constituaient des axiomes de géologie presque généralement admis et à peine discutés, bien que la tendance à considérer le passé de la terre comme le déroulement de son présent, devint toujours plus forte et plus générale. La direction dans laquelle Volger est entré, essaye de renverser ces axiomes et de déterminer une révolution complète, non-seulement dans la géologie, mais dans la grande quantité d'opinions générales et philosophiques qui avaient été élevées sur ces axiomes comme bases ; mais toutes ces conclusions sont prématurées, tant qu'on n'a pas établi si la direction de Volger peut avoir quelque valeur scientifique et quelle peut être cette valeur, et si elle a été combattue avec plus ou moins de bonheur par ses antagonistes scientifiques, indubitablement nombreux. Jusque-là, on peut seulement dire que l'exposition du système de Volger, dans toutes ses parties, fait pénétrer une impression générale de conviction dans l'esprit du lecteur impartial et versé dans les notions scientifiques. Cette impression trouve sa première raison d'être dans ce fait que la théorie de Volger, qui se rapproche de nouveau de cette ancienne théorie du *neptunisme* que l'on croyait bien enterrée, et qui déclare la guerre au *plutonisme* actuellement dominant, n'emploie, pour procéder à l'explication de l'histoire de la terre, que les faits les plus simples, les plus naturels, et qui sont accessibles à notre observation journalière. C'est un des premiers et des plus anciens principes fondamentaux de l'étude de la nature que les causes éloignées et hypothétiques ne doivent pas être employées à l'explication des phénomènes naturels, tant que les causes plus rapprochées et dont on trouve des exemples dans la réalité, sont suffisantes pour les expliquer. Or la théorie *plutonienne* n'est évidemment rien autre chose qu'une hypothèse, qui est même assez hasardée. Personne n'a vu la terre à l'état igné ou à l'état de liquide incandescent, mais on l'admet, parce que cette hypothèse paraît pouvoir expliquer d'une manière satisfaisante tous les phénomènes qui se passent à la surface de la terre. La théorie de Volger résout aussi le problème, mais d'une manière plus simple, moins forcée, plus palpable et plus naturelle: elle explique tout en partant de faits et de rapports qui coopèrent continuellement de la même manière, sous nos yeux, à la formation du sol : on peut à peine considérer, comme devant porter empêchement à l'admission de cette théorie, le fait qu'elle regarde la formation de la terre comme l'œuvre de périodes de temps indéfinies : l'action lente de périodes séculières présente au contraire bien plus de probabilité intrinsèque que les révolutions ou les catastrophes subites ou violentes. En admettant que les preuves scientifiques fondamentales sur lesquelles la théorie de Volger s'appuie, soient exactes et puissent être appliquées aux rapports existants, et en admettant que cette théorie soit réellement en état d'expliquer ce qu'elle doit expliquer, on peut désirer son succès au point de vue de l'étude des sciences naturelles, quelque bruyants et quelque vifs que puissent être les gémissements et les lamentations de ceux qui y verront un nouveau point d'appui pour l'incrédulité qui nie tout ce qui est élevé, pour « la vieille théorie du matérialisme qu'ils croyaient si bien morte ».

On peut, dans l'ordre de pensées de Volger, trouver *contradictoire* de lui voir placer la théorie du développement de la terre de Kant et de Laplace au commencement de son livre, dans lequel il veut démontrer que le commencement de la terre n'a jamais été autre que sa fin, et lui accorder son assentiment. S'il cherche bien à s'expliquer sur ce point, page 16, l'explication ne nous suffit pas, et « l'éternité circulant par toute l'histoire de la terre » est inconciliable avec la formation du globe aux dépens d'un monde primordial vaporeux. Cependant Volger, au lieu d'une explication tout à fait insuffisante, aurait pu en donner une autre qui, en attendant, aurait satisfait tous les penseurs, ce dont l'auteur de ce livre peut à peine douter. Il aurait pu dire : Si l'astronomie et, conjointement avec elle, tant d'autres considérations puisées dans l'étude des sciences naturelles rendent probable, sinon certain, que le système solaire et les corps célestes possèdent une existence individuelle, temporaire, procédant à pas comptés par les phases de naissance, existence et mort, comme cela arrive dans la nature à toutes les existences prises isolément que nous connaissons : s'il peut être démontré que notre système solaire, ainsi que notre terre, doit avoir eu un commencement et par suite arriver à une destruction finale : s'il ressort de tout cela que notre planète et ses habitants doivent avoir parcouru jusqu'à présent un cours de développement naturel, déterminé, — le nouveau système de géologie, basé sur la chimie et la physique, n'a rien autre chose à opposer à ces notions empiriques que de dire que la science n'a pu réussir jusqu'ici, dans la sphère des matières qui sont l'objet de ses études, à rencontrer le point par lequel le passé de l'histoire du développement de la terre se rattache nettement au présent—ce dont on doit, du reste, s'étonner d'autant moins que les connaissances que nous possédons relativement à l'écorce de la terre, sont bornées seulement à la couche mince placée tout à fait extérieurement. Peut-être devons-nous attendre des recherches ultérieures des éclaircissements plus exacts sur ce sujet : peut-être aussi reconnaîtrons-nous plus tard que, dans ce qui est accessible à nos perceptions, il existe une transmutation assez peu sensible et imperceptible pour un coup d'œil superficiel, ou pour un premier coup d'œil, qui, assurément, avec l'aide de périodes de temps incommensurables, conduit la terre d'âge en âge jusqu'à ce qu'elle arrive enfin au tombeau. Un si grand nombre de raisons et de faits parlent en faveur de cette marche insensible de développement dans l'histoire de la terre et de ses habitants, et un si grand nombre d'observateurs appartenant aux directions scientifiques les plus différentes se rencontrent pour l'admettre, que la théorie de Volger, pour être acceptée d'une manière durable, se verra forcée de se mettre d'accord d'une manière quelconque avec cette manière de voir. Enfin le droit restera assurément toujours et partout au *fait* qui, quelque ambigu qu'il puisse être, peut et doit former finalement la seule règle susceptible de diriger notre pensée en science et en philosophie. Le fait domine ! « Un seul fait », dit Frauenstädt (*Der Materialismus ...*; le Matérialisme..., Leipzig, 1856), « peut renverser les systèmes des siècles entiers et transformer en feuilles de maculatures des bibliothèques entières. Contre les faits, aucune résistance et aucune protestation ne peuvent être valables; etc., etc. » Et si l'étude de la nature devait trouver aujourd'hui un seul fait qui renversât toutes les opinions générales que nous considérons jusqu'ici comme vraies, on ne pourrait que se résigner avec calme, et le penseur de bonne foi devrait essayer de recommencer son travail de méditations. Assurément cette résignation entraîne avec elle l'inconvénient que les opinions acquises de cette manière sont soumises à des alternatives continuelles de vicissitudes et d'oscillations suivant l'état des recherches empiriques — inconvénient que ne présentent pas, du moins au même degré, les « systèmes » qui dérivent de la pensée philosophique. Mais, au fond, cet inconvénient n'est qu'apparent : en effet c'est un résultat nécessaire de l'incertitude naturelle des connaissances humaines, et il peut être considéré plutôt comme la pierre de touche d'une vraie philosophie, conforme aux résultats de l'expérience et ayant franchement pour direction la connaissance de la vérité. Il ne peut pas plus y avoir de philosophie exclusive que d'Église exclusive. Peut-être la philosophie de l'avenir ne se posera-t-elle pas d'autre problème que celui d'énumérer les résultats généraux obtenus chaque fois par les progrès de chaque science, et, ou bien de les condenser en points de vue généraux, ou bien d'en déduire des principes généraux qui présentent un intérêt philosophique. Elle sera alors comme un vêtement large qui s'adapte au corps des sciences et laisse un jeu libre à chaque mouvement des muscles et à chaque pulsation des veines, mais ne sera plus cette cotte de mailles d'acier qui, autrefois, serrait et comprimait les membres libres de la science. Toute coordination spéciale du savoir humain deviendra ainsi entièrement libre, suivra son mouvement sans obstacle et ne verra plus à l'avenir dans la philosophie un ennemi ou un despote, mais un ami et un serviteur, dont l'éclat est un reflet de sa gloire personnelle.

Le livre de Volger peut être considéré comme une

cause déterminante de ces considérations par ce fait qu'il cherche à faire admettre, pour une certaine quantité d'opinions qui nous agréaient jusqu'ici, une transformation basée sur les faits dans une science qui présente un rapport si rapproché et presque immédiat avec quelques-unes des questions générales les plus importantes dont l'esprit humain puisse s'occuper assurément. Cette transformation n'est pas aussi complétement nouvelle qu'elle pourrait peut-être le paraître, mais elle a été essentiellement préparée par les travaux du célèbre Bischof et toute la direction de Volger n'est à proprement parler que l'expression la plus pure et la plus nette des efforts scientifiques que l'anglais Lyell a faits le premier pour écarter autant que possible de l'histoire de la science tout ce qui est romanesque et pour expliquer cette histoire au moyen de phénomènes et de forces naturelles incontestablement de la même nature que ceux que nous voyons encore aujourd'hui et continuellement concourir sous nos yeux à l'édification de l'écorce de la terre. A quel point son antiplutonisme poussé si loin pourra-t-il être confirmé, l'avenir seul pourra nous l'apprendre. En attendant, on peut être satisfait d'avoir obtenu que toute nouvelle direction dans l'étude scientifique de l'histoire de la terre rejette à une distance toujours plus grande ce qui est fabuleux et contre nature. « Les anciens mythes s'évanouissent et la séparation dans les phénomènes de la nature disparaît de nouveau en face de l'idée que quelques grandes lois naturelles, peu nombreuses, relient et régissent la totalité des phénomènes si variés de l'univers ». (GIRARD.)

IX

SUR SCHOPENHAUER.

(1859)

> « La question de savoir si une philosophie est athée paraît à un philosophe aussi étrange que peut l'être pour un mathématicien la question de savoir si un triangle est vert ou rouge. » (A. SCHOPENHAUER.)

La philosophie de Schopenhauer a subi un destin spécial. Née et venue au monde depuis quarante ans déjà, elle est restée presque entièrement sans être remarquée en Allemagne au milieu du mouvement si bruyant des grandeurs philosophiques de la première moitié de ce siècle, et c'est seulement en 1853 qu'une voix étrangère, dans le *Westminster Review* publié en Angleterre, a attiré l'attention sur un homme que l'article représentait comme un philosophe martyr de la vérité et opprimé par la philosophie scolastique. Les lettres du docteur J. Frauenstädt sur la philosophie de Schopenhauer s'étaient donné la mission de rendre la compréhension de cette philosophie possible pour la plus grande partie du public. Les idées de Schopenhauer ont acquis depuis cette époque une quantité d'adhérents assez restreinte, mais qui paraît enthousiaste, et l'intérêt qui s'y rattache, paraît plutôt augmenter que diminuer (1). En faisant abstraction de leur valeur ou de

(1) Depuis que les lignes précédentes ont été imprimées, les écrits de Schopenhauer, qui étaient d'abord restés presque sans être remar-

leur non-valeur, elles sont redevables, en partie, de ce fait à cet état perplexe de la philosophie dans lequel nous nous trouvons depuis que la dernière « période d'éclat (*Glanz-periode*) » de la philosophie est terminée. On a renoncé aux données anciennes et l'on soupire après un nouveau quelconque sans savoir encore d'une manière bien déterminée en quoi il doit consister. Dans une telle situation, on s'en prend à tout, mais de préférence à un système qui paraît avoir un aussi haut degré de conscience de soi-même que le système de Schopenhauer, et qui prétend avoir trouvé enfin le noyau de la vérité. Assurément on serait encore, d'après cela, bien plus impressionné par ses raisons, si les ouvrages de Schopenhauer n'étaient pas écrits dans une forme peu accessible à la compréhension générale, et si son système, outre sa grande assurance, ne présentait pas une manière de voir trop spéciale qui rebute le sens commun de l'homme auquel du reste Schopenhauer, précisément à cause de cela, est très-peu apte à parler. Cette manière de voir s'est montrée en première ligne dans toutes les critiques de la philosophie de Schopenhauer publiées, soit dans les livres, soit dans les recueils périodiques, et est le plus souvent accompagnée de commentaires tels que la plus grande partie des lecteurs ont pu considérer comme inutile de prendre une connaissance plus ample des particularités d'un tel système par la lecture des œuvres de son inventeur même. Et dans le fait, si toute l'importance de Schopenhauer résidait dans les pensées

---

qués, ont eu plusieurs éditions, et son système a fait naître une série de livres spéciaux. Ce succès tardif a embelli les derniers jours de la vie de l'homme qui vivait comme un philosophe isolé à Francfort-sur-le-Mein et est mort dans cette ville en septembre 1860.

(*Remarque de l'auteur pour l'édition française.*)

fondamentales de son système, le lecteur aurait à peine perdu quelque chose en négligeant de pénétrer plus à fond dans l'étude de ce système. Mais dans Schopenhauer, il se trouve des idées intéressantes et pleines d'importance, ailleurs que là où il cherche sa principale force, et les accessoires de son système valent mieux que le système même. Ce n'est pas dans ses pensées fondamentales, mais dans le *développement* de ces pensées que Schopenhauer révèle un génie philosophique et une abondance de connaissances qui, autrement employées, en auraient peut-être fait ce réformateur de la philosophie après lequel notre époque soupire avec tant d'impatience. On voit avec regret une si grande puissance philosophique s'user sans utilité dans l'édification d'un système d'idées qui, dès son origine, porte en soi le germe de sa perte, et l'on se demande ce qu'elle aurait pu devenir, si elle avait été dirigée dans la bonne voie. Probablement, nous nous trouverions en pareil cas dans une autre position que celle dans laquelle nous sommes, et nous ne ferions plus de vains efforts pour digérer le vieux levain. Mais, même en considérant Schopenhauer tel qu'il est, notre époque peut en apprendre beaucoup de choses, et des choses précisément importantes pour la crise actuelle d'évolution de la philosophie, en sorte qu'il mérite que le vulgaire se donne la peine de le connaître d'une autre manière que par les simples critiques de son système, ou par des écrits qui, eux-mêmes, exigent à leur tour une étude particulière. Si l'un ou l'autre de nos lecteurs se sentait engagé par la lecture de ce mémoire à l'étude des écrits de Schopenhauer, nous croyons d'avance pouvoir lui assurer qu'il ne regrettera pas le temps qu'il y aura employé. Les voies qu'un mineur intelligent comme Schopenhauer creuse dans les profondeurs du monde de la pensée, sont dignes de fixer l'attention et doivent profiter à ceux dont le regard y pénètre, même lorsqu'elles doivent s'éloigner encore assez loin de la grande route stratégique. Schopenhauer, penseur indépendant, cherchant la vérité à sa manière, présente une tendance profonde et instinctive vers cette route stratégique, et lorsqu'on se rappelle notre dernier passé philosophique, on doit ajouter que cette tendance a un motif plus que subjectif. La *forme* dans laquelle Schopenhauer attaque et les philosophes qui l'ont précédé et ses contemporains, viole sans contredit les règles de la bienséance ; mais, en fait, son opinion émise il y a déjà plusieurs années à une époque où ses adversaires jouissaient encore de la plus haute considération, est celle-là même qui est devenue presque générale à l'époque actuelle. Mais, outre la direction négative de critique à l'égard du passé de la philosophie, Schopenhauer, malgré l'origine simultanément subjective et idéaliste de son système, présente encore tant d'autres points communs avec les tendances réformatrices de la philosophie dans les temps modernes, que cette circonstance seule devrait mériter à l'étude de son système d'être recommandée, si elle n'était pas par elle-même aussi intéressante qu'elle est. Si l'on veut se donner la peine de séparer aussi bien que possible le vrai du faux dans sa philosophie, Schopenhauer doit exercer même actuellement une influence inportante sur la marche de notre développement philosophique du moment. Le présent mémoire doit faire une tentative de ce genre et essayer d'effectuer cette séparation au moyen d'une critique sobre, puisée en général à la source des observations expérimentales des sciences naturelles. Le lecteur acquerra ainsi une connaissance de l'ensemble de la philosophie de Schopenhauer même, suffisante pour pouvoir s'en former du moins une opinion approximative.

Si ce mémoire lui venait sous les yeux, Schopenhauer lui-même serait très-peu satisfait de cette manière d'opérer ; en effet son opinion ferme et exprimée en termes assez crus aboutit à ce que, dans soixante ou cent ans, son système qui doit être considéré comme étant seul exact, prédominera dans la philosophie et dans le mouvement vital. Bien qu'une pareille opinion puisse paraître risible, on trouvera, après avoir lu Schopenhauer, que la haute confiance qu'il a en lui-même est compréhensible, et qu'elle ne doit pas être considérée comme provenant de la simple présomption. Schopenhauer possède, avant toutes choses, la conviction ferme et enracinée de plein droit dans tout son être qu'il n'écrit pas en vue des avantages extérieurs ou en conformité des us et coutumes, mais qu'il doit, comme tout véritable philosophe, se préoccuper sérieusement et loyalement de la *vérité* pleine et entière : il possède ce désir irrésistible d'arriver à la lumière et à la clarté qui caractérise le véritable observateur, et méprise profondément la mauvaise foi (*Unredlichkeit*), de quelque nature qu'elle soit, qui prédominait malheureusement depuis si longtemps en Allemagne dans la philosophie. Jouer avec de grands mots, mais qui sont foncièrement vides, lui est entièrement contraire, bien qu'il ne puisse pas par lui-même être considéré comme entièrement exempt d'une faute qui s'est malheureusement attachée à notre philosophie allemande comme un chancre impossible à guérir. Il exprime son opinion inflexible contre l'erreur et le mensonge dans les termes excellents qui suivent : « Il s'ensuit qu'il ne peut exister aucune erreur privilégiée ou sanctionnée : le penseur doit les attaquer, lors même que l'humanité, semblable à un malade dont le médecin touche les plaies, jetterait les hauts cris avec force », et son attachement pour la vérité, dans le passage énergique suivant : « La vérité n'est pas une fille publique qui se jette au cou de ceux qui ne la désirent pas : elle est plutôt une beauté si dédaigneuse que même celui qui lui sacrifie tout, ne doit pas encore être sûr de sa faveur ». Si, dans les endroits où il réédifie, Schopenhauer était aussi perspicace et aussi exempt de préjugés, aussi implacable à l'égard de la pompe vide des mots, que dans les endroits où il s'adonne à la critique et à la négation, nous ne lui devrions pas un système d'idéalisme subjectif, mais une somme de *vérités* qui devrait peser plus lourd que la vérité qui a été soi-disant trouvée par lui. C'est donc moins sur le système que sur son mode de développement et sur ses accessoires qui, lorsqu'ils en sont séparés, se présentent sous un tout autre jour, que l'exposition qui va suivre, doit diriger par suite aussi son attention principale.

Découvrir quelque principe fondamental dont on puisse déduire d'une manière satisfaisante tous les phénomènes du monde qui nous produit et nous entoure, comme d'une cause primordiale supérieure et suprême, a été depuis longtemps le but vers lequel se sont portés les efforts de la philosophie et des philosophes. Schopenhauer retrouve ce principe dans tout ce qu'il désigne sous le nom spécial de « *Wille* (volonté) ». On doit considérer cette désignation comme *spéciale* parce que le mot *Wille* n'avait jamais antérieurement été employé dans un pareil sens : et dans le fait, il ne s'y trouve rien qui puisse justifier un pareil mode d'emploi. Si l'on demande d'abord ce que l'on doit comprendre et ce qui a été compris jusqu'ici dans le mot *Wille*, le physiologiste qui est le plus compétent dans ce cas, répond qu'il désigne une manifestation déterminée de la vie dite animale — de plus une manifestation assez subordonnée par comparaison avec les fonctions psychiques plus élevées et se trouvant au point de vue physiologique à un même degré que ce qui a reçu le nom de *sensibilité*—une manifestation qui ne se trouve pas même répandue dans la totalité du monde *organique*, et n'existe pas du tout dans le monde *inorganique*. Si la distinction rigoureuse entre le *monde animal* et le *monde végétal* est devenue difficile, même avec l'aide des recherches les plus récentes de l'étude des sciences naturelles, cette difficulté ne concerne que les formes les plus simples qui viennent s'interposer comme passage entre ces deux règnes de la nature, tandis que, dans les êtres qui constituent la plus grande partie des deux règnes, l'existence ou la non-existence d'une vraie manifestation de la volonté apparaît toujours comme le signe distinctif le plus certain entre l'animal et le végétal, et les tentatives que Schopenhauer fait pour démontrer l'existence d'une volonté dans le monde végétal, ont aussi peu de succès que celles qui ont été faites à différentes reprises pour rechercher dans le végétal l'existence d'un *âme* analogue à celle des animaux et qui présente avec cette âme une certaine parenté. La preuve démonstrative de l'existence d'une volonté dans la nature inorganique, bien que Schopenhauer lui-même tente d'en donner une de ce genre, ne peut être établie que par des manières de parler. On pourrait tourner et virer comme on voudrait : on ne pourrait trouver aucun principe valable et clair pour le sens commun, qui pût engager à généraliser cette idée bornée, de la manière que Schopenhauer l'a fait, et à l'étendre de manière à en faire, comme Schopenhauer, le principe fondamental de toutes choses. Si on le fait, on abandonne au même instant l'idée précise dont on est parti, et l'on n'emploie le mot qui la désignait accidentellement, que pour expliquer une chose inélucidée au moyen d'une deuxième chose également inélucidée. En effet la *volonté*, telle que Schopenhauer la considère, n'est plus la volonté, mais une chose tout autre, plus élevée, plus générale et plus embrouillée qui, parce qu'on la nomme *volonté*, ne présente pas pour cela plus de clarté ni d'importance. Schopenhauer aurait pu aussi bien l'appeler XYZ, et il ne serait sans contredit résulté pour lui aucun inconvénient fatal de ce que, à la place de ce qu'il avait cru avoir *trouvé*, il existât un *desideratum*. Schopenhauer que, indépendamment de ses préoccupations systématiques, le sentiment de ce qui est réellement vrai, n'a jamais abandonné, a bien prévu de telles objections et a cherché à les écarter, mais non avec bonheur. Des choses auxquelles l'expérience et le simple sens commun disent « non » de prime d'abord, ne peuvent pas non plus trouver une planche de salut dans les explications les plus subtiles de la philosophie et font bien admirer la subtilité d'esprit et la dialectique de leur défenseur, mais n'apportent pas la conviction. Les attaques de Schopenhauer contre le sens commun, sur lequel cependant il se voit contraint de s'appuyer pour d'autres choses, ne font donc que le mettre en état de suspicion. Schopenhauer est même forcé de convenir expressément que l'idée « volonté » présente pour lui une acception d'une plus grande étendue qu'elle ne l'avait eue jusque-là. Cette concession suffit pour montrer que l'usage du mot *volonté*, tel que Schopenhauer l'emploie, est tout à fait abusif. En effet, où irions-nous s'il était permis à chaque philosophe d'étendre à volonté la signification des mots auxquels on est habitué à rattacher des idées déterminées, et de les employer dans un sens tout autre et plus étendu que l'usage des langues ne le fait. La confusion des langues de la tour de Babel ne tarderait pas à revenir : l'arbitraire serait porté au trône, et ce charlatanisme philosophique contre lequel Schopenhauer lutte si énergiquement, lèverait la tête bien plus encore qu'il ne l'a fait jusqu'ici. On peut d'autant moins concéder à Schopenhauer une telle manière de procéder, qu'il sait la blâmer très-durement chez les autres. Ainsi il reproche expressément à Spinoza d'employer à tort les mots pour désigner des idées qui, dans le monde entier, possèdent une autre dénomination, comme Dieu (*Gott*) pour monde (*Welt*), droit (*Recht*) pour force (*Gewalt*), volonté (*Wille*) pour décision (*Urtheil*). Spinoza était en partie *forcé* de le faire par des circonstances extérieures, tandis que Schopenhauer était en position de pouvoir désigner les choses par leur véritable nom.

Mais ce qui, encore bien plus que l'élévation de la volonté au rang de principe fondamental du monde, écarte Schopenhauer de la route des études rationnelles, c'est le deuxième principe dominant de son système, ou la manière large de comprendre l'univers considéré comme *représentation* de notre esprit. Comme, suivant Schopenhauer, il ne peut rien y avoir de réel en dehors de la volonté, et que le monde visible n'est qu'une objectivation de cette volonté ou la représentation de cette volonté sous une forme corporelle, nous ne pouvons reconnaître ce monde comme étant quelque chose qui existe en dehors de nous, mais seulement comme quelque chose qui se trouve en nous ou comme la représentation que nous nous en faisons. Nous ne savons pas en effet distinguer l'objet de l'image, mais nous savons reconnaître que tous deux ne sont qu'une seule et même chose : en effet tout objet suppose toujours et éternellement un sujet et tout objet n'est qu'une représentation du sujet. Il n'y a pas d'objet sans sujet, et le monde, tel que nous le connaissons, n'est rien par lui-même, mais existe seulement dans l'imagination de l'être pensant. « Le monde est la représentation de mon imagination », ou bien un phénomène du cerveau. Il tient à un seul fil, et ce fil est l'état instantané de la conscience dans lequel ce monde se trouve. Du premier œil qui s'est ouvert dans ce monde, fût-ce celui d'un insecte, dépend, suivant Schopenhauer, l'existence du monde entier. « Le soleil, » dit ce philosophe, « a besoin d'un œil pour éclairer. » Le monde objectif existe donc seulement comme image représentative. Si personne ne se le représentait, il n'existerait pas.— La conséquence simple et nécessaire d'une telle manière de voir, dont l'exposition qui précède est tirée des propres expressions de Schopenhauer, serait la *négation de la réalité du monde extérieur*, et si Schopenhauer avait reconnu cette conséquence, il n'aurait fait rien autre chose qu'énoncer à nouveau un paradoxe qui s'est répété de temps en temps en philosophie comme une déduction de l'idéalisme subjectif le plus élevé et qui n'a pas besoin d'une contradiction sérieuse. Mais Schopenhauer ne tire pas cette conséquence et rend ainsi très-difficile la conception claire de ce qu'il veut dire. Il reconnaît expressément la réalité du monde extérieur, dirige une polémique très-vive contre Fichte qui, suivant lui, fait naître l'objet du sein du sujet, et va même jusqu'au point d'appeler la négation de la réalité du monde extérieur « égoïsme théorique et acte de folie (*Tollhäuslerei*) ». D'autre part, il se met aussi en lutte avec le *matérialisme* qui, suivant lui, doit être considéré comme l'antithèse absolue du système de Fichte et fait naître le sujet du sein de l'objet, et prétend tenir le milieu entre les deux systèmes en ne prenant son point de départ, ni dans le *sujet*, ni dans l'*objet*, mais dans l'*image représentative*. Si, en s'exprimant ainsi et en reconnaissant la réalité du monde extérieur, Schopenhauer n'avait rien voulu dire autre chose qu'énoncer que ce monde extérieur, existant par lui-même et indépendant, a besoin de l'image représentative de l'être pensant pour pouvoir être reconnu subjectivement, ou qu'il doit se refléter dans une image pour qu'on puisse en avoir une connaissance positive, il aurait exprimé une vérité aussi simple que naturelle qui, autant que nous pouvons le savoir, n'a jamais encore été contestée sérieusement par personne, et qui, par suite, n'est pas faite pour servir de principe fondamental à un nouveau système de philosophie. Mais évidemment Schopenhauer veut dire plus que cela, puisque, comme nous l'avons vu, il assigne au monde réel, malgré la réalité qu'il lui concède, une relation déterminée avec l'image représentative de l'être pensant. « Le soleil a besoin d'un œil pour éclairer. » Rien ne peut-être plus contraire à un mode d'observation conforme à l'expérience qu'un pareil usage abusif de la source subjective de nos perceptions et qu'un mélange aussi peu naturel de ce qui est perçu avec ce que nous avons à percevoir. A chaque pas que les sciences naturelles font en avant, elles nous apprennent à connaître clairement la complète absence de dépendance de l'existence cosmique relativement à l'existence des formes vivantes, en quelque sorte parasites, qui se sont produites çà et là au sein du Cosmos, et nous montrent comment le monde et la nature, dans leur cours éternel, immuable, ne tiennent aucun compte de l'existence de tels êtres, et n'en dépendent pas non plus : et bien que, dans ces êtres, le monde ne pût assurément se refléter nulle part en une image représentative, il n'en existerait pas moins et ne devrait pas moins exister. Non-seulement nous savons qu'il y a des mondes qui ne peuvent être habités par aucun être qui nous ressemble en quoi que ce soit, mais nous savons aussi que notre lieu d'habitation, la terre, a traversé des périodes infinies d'existence probablement sans aucun être doué de la faculté de vouloir et de se représenter des images, et que, suivant la loi naturelle, si générale, de la périodicité de l'existence individuelle, qui est maintenant reconnue applicable aux mondes astronomiques, il doit revenir et reviendra pour la terre une époque où, arrivée elle-même à sa période de destruction et de mort, elle entraînera dans sa perte les êtres qui vivent à sa surface et dispersera subordonnément leurs atomes dans l'univers. Mettre une telle notion en face de l'idée de vouloir faire dépendre l'existence du monde de l'image représentative de cet être qui s'y trouve accidentellement, ne peut être que le résultat d'une spéculation qui se réfute elle-même. Schopenhauer n'est pas sans connaître ces faits et s'efforce vainement de mettre cette existence de périodes de temps antérieures à l'existence du monde organique et surtout à l'existence de l'homme, en parfait accord avec sa théorie et à rendre son idée plausible par la séparation du « monde en lui-même » et du « monde considéré comme image représentative ». Tous ces temps antérieurs où aucun œil ne s'était encore ouvert, il explique qu'il n'est pas possible de se les représenter sans la conscience susceptible d'en percevoir l'idée : il ne pouvait pas même alors y avoir ce que nous appelons le *temps*. En effet, suivant Kant — Schopenhauer (ce dont il sera question encore une fois), le temps n'est qu'une des formes à priori de la conscience. Toutefois Schopenhauer paraît, dans ce cas comme dans quelques autres de ses assertions, avoir été frappé par sa propre conscience. Du moins, il se trouve dans le « *Parerga und Paralipomena* » (2 vol.), dans le chapitre; « *Gleichnisse, Parabeln und Fabeln* (Allégories, paraboles et fables) », un passage remarquable, relatif à ce sujet, qui reconnaît expressément, contradictoirement avec d'autres assertions, l'absence de dépendance de l'existence cosmique et de l'être qui perçoit l'image représentative, et qui peut en même temps trouver une place ici comme un document qui fait voir le langage plein d'élan de Schopenhauer : « A l'époque », dit Schopenhauer dans cet ouvrage, « où la surface de la terre était encore formée d'une couche de granit, uniforme, bien unie, et où il ne se trouvait sur cette surface aucune disposition préliminaire qui pût conduire à la production d'un être vivant quelconque, le soleil est apparu un matin. Iris, la messagère des dieux, qui, envoyée par Junon, passait en ce moment en volant, apostropha ainsi le soleil pendant qu'il continuait rapidement sa course ; « Pourquoi te donnes-tu la peine de paraître ainsi ? Il n'existe » aucun œil pour t'observer et aucune statue de Memnon » pour rendre des sons! » A quoi le soleil répondit: « Mais » je suis le soleil et j'apparais parce que je suis ; que ceux » qui le peuvent, me voient! » Ainsi donc c'est un soleil qui n'a besoin d'aucun œil pour éclairer, d'aucune image représentative pour s'y refléter!!! Un soleil qui existerait lors même qu'il ne pourrait pas s'en produire une image représentative. Schopenhauer ajoute expressément, dans le second volume des *Parerga und Paralipomena*, que les phénomènes naturels devaient exister et existaient même avant l'apparition de la conscience ; mais il pense toutefois que ces phénomènes n'existaient pas en dehors d'*une certaine* conscience, puisqu'on ne pouvait pas même s'en faire une idée!! Ces phénomènes pouvaient, aussi peu que les phénomènes actuels, avoir une existence *en soi*. On peut seulement répliquer à cela que, depuis que la science croit avoir démontré l'existence d'époques géologiques anciennes sans êtres vivants, les hommes se les sont figurées dans leur imagination, en ont pris connaissance, se les sont représentées une quantité innombrable de fois, les ont reproduites dans les foires ou sur les théâtres, et que le moment, d'une importance tout à fait nulle pour le monde, dans lequel le monde s'est reflété pour la première fois dans une conscience, n'a pas existé réellement à proprement parler, mais a existé seulement dans la conception philosophique de M. Schopenhauer: en effet le développement de la conscience animale et humaine n'a dû se produire que d'une manière tout à fait insensible et n'a dû arriver que peu à peu à la netteté. Mais si Schopenhauer réplique qu'il n'attache aucune importance à ce moment et qu'il voulait seulement énoncer que les périodes de temps anciennes, aussi bien que les périodes actuelles, ont besoin de notre imagination pour être perçues, ou qu'il est toujours besoin d'un être qui perçoive pour que le monde objectif puisse être une image représentative, il ne reste ainsi de toute sa philosophie qu'une vérité qui, ainsi que nous le pensons, est très-triviale et n'a besoin d'aucune explication. Mais cette vérité ne démontre rien moins que la *dépendance* de l'existence du monde représenté et de l'être qui se le représente, et le contraire est mis tout à fait hors de doute par la science empirique (1).

(1) « Il est évident, au premier coup d'œil », dit très-bien M. H. Scheffler dans son livre *Körper und Geist....* (Corps et esprit, etc., etc. Braunschweig, 1862), « qu'un objet appartenant au monde réel et la représentation que nous y rattachons dans notre esprit, sont deux choses tout à fait hétérogènes ; qu'il peut exister, dans la réalité, des objets dont nous ne pouvons nous former aucune image représentative, mais que, réciproquement, nous pouvons aussi nous

Du reste, comme nous l'avons déjà vu, l'image représentative n'absorbe pas, suivant Schopenhauer, l'être tout entier : l'essence propre, la plus interne, du monde réside suivant lui, dans une partie entièrement distincte de l'image représentative, ou dans la *volonté : La volonté est tout ce qui constitue encore le monde en dehors de l'image représentative.* Le monde, considéré comme image représentative, n'est qu'une objectivation de la *volonté* et son côté *externe*, tandis que celle-ci constitue elle-même le côté *interne* de son existence, sa base. Vie, monde visible, phénomène, ne sont que des images reflétées par la volonté qui les accompagne comme l'ombre accompagne le corps; la volonté y trouve, suivant l'expression de Schopenhauer, un miroir dans lequel se reflète son image dont elle reconnaît elle-même la ressemblance, et surtout au plus haut degré, chez l'homme qui pense.

Toute cette distinction, ainsi que le cercle d'idées dont elle est partie, trouve sa source propre et son explication partielle dans la distinction bien connue, énoncée par Kant entre ce que l'on appelle *phénomène* (*Erscheinung*) et la *chose en elle-même* (*Ding an sich*). Schopenhauer lui-même explique que la distinction spéciale qu'il énonce ici, est tout à fait identique avec celle de Kant et qu'elle est seulement déduite d'autres prémisses : en outre qu'elle est la cause conditionnelle d'un progrès en avant qui va bien plus loin que Kant, tout en s'appuyant entièrement sur les principes fondamentaux énoncés par ce philosophe. Le *phénomène* de Kant est identique avec le

---

former des conceptions qui pourraient bien exister dans la réalité, mais n'existent cependant pas effectivement. Dans tous les cas, il n'existe aucun lien *logique* entre la représentation d'un objet possible et la nécessité de son existence.

(*Remarque de l'auteur pour l'édition française.*)

monde considéré comme image représentative de Schopenhauer, et la *chose en elle-même* est identique avec le *monde considéré comme volonté*. Ce qui caractérise en outre Schopenhauer comme étant un disciple de Kant et un idéaliste subjectif, c'est qu'il considère les notions de *temps*, d'*espace*, de *causalité*, comme des formes de notre science subjective qui existent à priori, c'est-à-dire qui sont indépendantes de toute expérience et qui résident en nous avant toute expérience, « et il devrait d'après cela », comme l'observe très-bien Gruppe, « y avoir en lui bien plus du philosophe scolastique que les rhéteurs, ses partisans, ne voudraient l'admettre ». Suivant Kant et Schopenhauer, l'*essence des choses* est indépendante de ces formes de notre intelligence et elle est par suite inaccessible à notre examen. Mais l'essence des choses est, suivant Kant, la *chose en elle-même* et, suivant Schopenhauer, la *volonté*. Tous deux admettent donc une distinction entre l'idéal et le réel et prétendent que le monde possède deux côtés entièrement différents dont l'un seulement est accessible à notre intelligence, tandis que l'autre reste éternellement caché. Les idées contradictoires qui ont été fatales à la distinction de Kant, doivent l'être aussi pour Schopenhauer. Tous deux franchissent d'une manière violente l'abîme *qui, dans leur propre théorie, les sépare de la chose en elle-même ou du monde en lui-même*, et suivent, dans ce cas, un mode d'opérer qui ressemble très-exactement à celui dont le chevalier de Münchhausen s'est servi pour se tirer du marais au moyen de sa propre chevelure. Mais si, malgré cela, même en partant d'un point de vue empirique, il ne paraît pas possible de nier que la distinction de Kant ne contienne du moins dans le fond quelque chose de vrai, on doit reconnaître que Schopenhauer, par ses dénominations nouvelles et étranges des choses à distinguer, s'est privé de cette supériorité, mais que, loin de *faire mieux* que Kant, il a *fait plus mal*.

Ces courtes indications sur le système de Schopenhauer doivent suffire : au point de vue de la direction expérimentale de la science moderne, ce système ne peut plus être signalé que comme une de ces inventions spéculatives dont nous sommes si riches en Allemagne. Schopenhauer doit intéresser davantage notre lecteur dès que nous le suivons dans un autre ordre d'idées qui ne se trouve pas en relation trop directe avec son système. Là également nous rencontrerons encore souvent des idées baroques, mais aussi très-vraies, nouvelles et *toujours* ingénieuses. Surtout dans la manière dont il critique l'*histoire de la philosophie* telle qu'elle a été envisagée jusqu'ici, nous reconnaissons bien l'esprit prévenu par son système, mais aussi l'esprit du vrai philosophe, plein de force, profond, embrassant d'un coup d'œil le tout dans son ensemble. Des aperçus profonds et des conceptions élevées viennent se joindre aux connaissances les plus étendues pour expliquer à notre époque quelques doctrines dignes d'être examinées. Avant toutes choses, Schopenhauer cherche à aider cette *philosophie* de l'Inde ancienne qui a été expulsée par la philosophie chrétienne, qui a été méconnue, à récupérer la faveur qu'elle mérite : on doit assurément induire de là que l'esprit de Schopenhauer, par ses inclinations philosophiques propres, possède une très-grande sympathie pour la manière mélancolique et fataliste dont les Indiens envisagent le monde, et que cette dernière ne paraît pas avoir exercé peu d'influence sur son développement philosophique intrinsèque ; en effet des marques de sympathie de ce genre se rencontrent partout dans les écrits de Schopenhauer. Dans le célèbre

Prakriti des Indiens, il retrouve sa *volonté* et compare l'état d'un homme pénétré de *sa* philosophie avec celui que les *Indiens* assignent à l'homme qui est rompu au degré le plus élevé de la sagesse indienne. La première de toutes les religions est, suivant Schopenhauer, la célèbre et sublime religion de *Bouddha*, le grand maître en sagesse, qui surpasse beaucoup toutes les autres religions par sa valeur intrinsèque, ainsi que par le nombre de ses adhérents : d'après Schopenhauer, l'*éthique* de la religion hindoue professe le principe célèbre de l'*amour* (*Liebe*), attribué généralement de préférence au christianisme, à un degré bien plus élevé que ce dernier. Amour pour le prochain, bienfaisance, patience, action de rendre le bien pour le mal, chasteté, ascétisme, etc., sont des vertus que cette éthique enseigne qu'on doit pratiquer pour l'amour d'elles-mêmes, mais non par considération pour une récompense ou une punition.

La philosophie *grecque*, aussi bien que la philosophie *chrétienne*, dérive de sources *indiennes*, cette dernière par l'intermédiaire des *Égyptiens*. Schopenhauer trouve, par suite, tout à fait étrange, qu'on croie maintenant faire quelque bien aux *Indiens* par des tentatives inverses, puisqu'ils possèdent, depuis l'origine des temps, des idées religieuses qui sont supérieures aux nôtres en valeur et en profondeur, et que nous croyons leur dire quelque chose de nouveau en leur parlant de l'incarnation du Christ, lorsqu'ils ne possèdent eux-mêmes pas moins de *neuf* incarnations de *Wischnou*. Après une excellente peinture du mythe de l'Inde ancienne relatif aux peines et récompenses, il s'exprime ainsi, par exemple, dans un passage qui, surtout dans ce moment (1859), doit être doublement intéressant pour notre lecteur : « Pythagore et Platon ont donc recueilli avec admiration cette exposition *non plus ultra* mythique, empruntée aux Indiens et aux Égyptiens, en ont fait grand cas, l'ont appliquée, etc. Nous, au contraire, nous envoyons maintenant aux bramines des *clergymen* anglais et des frères moraves tisseurs de toiles pour les désabuser par compassion. Mais nos religions ne prendront jamais racine dans les Indes : *la sagesse primordiale du genre humain ne sera pas supplantée par les faits qui se sont passés en Galilée*, etc., etc. » Toutes les tentatives de conversion des Anglais dans les Indes ont échoué jusqu'ici et échoueront toujours. En général la monomanie qu'ont les Anglais d'envoyer des missions, ainsi que leur bigoterie judaïque, leur célébration du sabbat, etc, etc., trouvent en Schopenhauer un critique qui est très-sévère et leur porte des coups souvent formidables, et, en toute occasion, il considère comme incompréhensible qu'une nation qui, au point de vue intellectuel, tient un rang si élevé et qui marche à la tête des autres peuples comme un exemple qui leur sert de flambeau, puisse, sous le rapport religieux, rendre foi et hommage à des principes aussi absurdes. En ce qui concerne les *idées* platoniciennes, comme pour le *Prakriti* des Indiens, Schopenhauer croit pouvoir aussi démontrer qu'elles sont identiques avec la *chose en elle-même* de Kant (qui, ainsi que nous l'avons vu, est identique avec la *volonté* de Schopenhauer). Leur image par réflexion correspond au monde *considéré comme phénomène*, ou, suivant Schopenhauer, au monde *considéré comme image représentative*.

Avec les platoniciens commence déjà, suivant Schopenhauer, cette dégénération bien connue de la philosophie qui s'est étendue jusqu'à nos jours et contre laquelle on a engagé une lutte incessante, mais toujours vaine. « Depuis la scolastique et, à proprement parler, depuis

Platon et Aristote », dit Schopenhauer dans un passage de son ouvrage le plus important, « la philosophie constitue en plus grande partie, un abus des idées générales telles que, par exemple, substance, base, cause, le bien, la perfection, la nécessité, la possibilité, l'être, le devenir, etc., etc., » et elle est devenue ainsi peu à peu finalement « un simple verbiage (*ein blosser Wortkram*) », qui a acquis tout d'abord son plus haut point de perfection chez les scolastiques. Spinoza lui-même s'appuie sur des idées pareilles qui n'ont pas été discutées et dont le sens est trop étendu, trop mal défini. « La tendance à opérer ainsi, » dit Schopenhauer avec beaucoup de raison, « peut provenir finalement d'une certaine apathie de l'intelligence pour laquelle il est trop fatigant de contrôler toujours la pensée par l'observation (*Anschauung*). Suivant Schopenhauer, Locke a été le premier qui ait insisté pour rechercher l'origine de ces idées philosophiques et qui ait ramené ainsi dans la voie de l'observation (*Anschaulichkeit*) et de l'expérience (*Erfahrung*). Baçon fait de même : il en est aussi plus tard de même de Kant, qui, toutefois, était encore engagé d'abord dans la scolastique et négligeait beaucoup trop l'observation *empirique* pour s'occuper de l'observation dite *pure*. Toutefois, suivant Schopenhauer, Kant est celui qui a renversé enfin la philosophie scolastique et a effectué ainsi en philosophie la plus grande de toutes les révolutions. La scolastique a commencé, suivant Schopenhauer, avec le Père de l'Église saint Augustin et a cessé avec Kant : *son caractère fondamental est la mise en tutelle de la philosophie par la religion dominante dans chaque cas*. Descartes, Bruno, Spinoza pouvaient bien çà et là constituer des exceptions, mais ils n'ont exercé aucune influence : en effet les deux derniers étaient dans un trop complet isolément, et le premier s'appuyait encore entièrement sur le fond de la restriction scolastique. Ce qui constitue pour Schopenhauer le phénomène le plus proéminent dans l'histoire de la philosophie, c'est naturellement son maître, Kant, qu'il comble d'éloges, de même qu'il traîne dans la poussière ses successeurs. Quoi qu'il en soit, nous rencontrons, dans un appendice spécial de l'œuvre la plus importante de Schopenhauer, une *critique détaillée de la philosophie de Kant* qui met à nu les points défectueux du système de Kant avec tant de sagacité et d'absence de préventions, que cette critique est franchement écrasante pour ce système et qu'elle fait naître le soupçon que Schopenhauer n'est pas en réalité tout à fait sérieux dans les louanges qu'il prodigue à Kant et qu'il a en effet moins voulu le désigner comme un grand philosophe que s'en servir comme d'un fondement historique indispensable de sa propre doctrine. Schopenhauer reproche notamment à la doctrine de Kant les *catégories* comme étant confuses, vagues, contradictoires : il dénonce sa théorie de l'entendement (*Erkenntnisstheorie*) comme étant un galimatias peu clair, sur lequel plane une obscurité incessante, sa doctrine de l'antinomie comme étant paradoxale et indiquant le point où l'on n'y entend plus rien ; il la dénonce comme étant étrange pour lui-même, confuse, illogique, contradictoire, jouant sur les mots, violente, souvent si obscure que personne ne peut s'en rendre compte, et l'accuse enfin de partir souvent, dans ses explications les plus profondes, d'hypothèses tout à fait arbitraires et fausses, et de n'avoir pas éclairci l'idée qu'on doit se former de l'essence de l'entendement, mais de l'avoir embrouillée et altérée. Il ne reste donc plus ainsi, à proprement parler, que la célèbre distinction entre le phénomène et la chose en elle-même, et c'est cette distinction qui doit incontestablement constituer, suivant Schopenhauer, le grand et immortel mérite de Kant. Mais ce mérite même disparaît aux yeux de celui qui voit comment Schopenhauer met à nu la grande contradiction dans laquelle Kant s'est engagé et qui est devenue notoirement fatale à toute sa théorie. Kant arrive en effet, suivant Schopenhauer, à la chose en elle-même par la conclusion que le phénomène doit avoir une cause, qui ne doit pas être le phénomène lui-même, pendant qu'il désigne pourtant le rapport de la cause et de l'effet comme étant seulement une forme de notre conception et comme *n'étant par suite applicable qu'au phénomène lui-même !!!* Kant est donc dans une fausse voie et est conduit par de fausses prémisses à un résultat qui, exact en lui-même, doit être démontré de nouveau et d'une manière préférable par Schopenhauer.

Ainsi il reste finalement à Kant, suivant son élève et son admirateur, Schopenhauer lui-même, à peine plus de points dignes d'éloges qu'à ses trois célèbres successeurs que Schopenhauer appelle « les trois célèbres sophistes de la période postérieure à Kant (*Nach-kantisch*) » et qu'il poursuit d'un dédain inexorable aussi bien que d'outrages mordants. Il laisse l'entière plénitude d'un sarcasme soutenu par de l'intelligence, des traits d'esprit et de la grossièreté, etc., etc., se répandre comme un torrent sur ces malheureux qui, suivant lui, ont empêché le perfectionnement continu de la doctrine de Kant et l'ont rendu impossible, et rejette du terrain de la vraie philosophie, de la philosophie qui lutte pour la vérité, tout ce qu'ils ont fait et écrit comme des matériaux inutiles, mauvais, qui prennent leur point d'appui dans le charlatanisme et le mensonge. C'est surtout contre le dernier de ces trois philosophes, contre Hegel, qu'il laisse éclater à tort et à travers dans les expressions, chaque fois qu'il vient à en parler, une colère qui lui fait oublier à lui-même les règles les plus ordinaires de la bienséance littéraire. « *Windbeutler* (menteurs) », « *Charlatane* (charlatans) « *Sophisten* (sophistes) », « *elende Wortkrämer* (pauvre sergoteurs) » appartiennent à la catégorie des dénominations les plus douces dont Schopenhauer se sert à l'égard de Fichte, de Schelling et de Hegel. Il désigne Hegel comme étant un « *plumper Charlatan* (grossier charlatan) », un « *durchweg erbärmlicher Patron* (patron généralement pitoyable) », un « *philosophische Ministercreatur* (philosophe, créature de ministre) », un, « *geistlosen, unwissenden, Unsinn schmierenden, die Köpfe durch beispiellos hohlen Wortkram von Grund aus und auf immer desorganisirenden Philosophaster* (philosophatre, sans esprit, ignorant, écrivaillant sans être guidé par le sens commun, désorganisant les têtes foncièrement et pour toujours par un jeu de mots creux, sans exemple) », et sa philosophie comme étant un « *leerer, hohler, dazu ekelhafter Wortkram* (jeu de mots vide, creux, en outre nauséabond) ». La philosophie de Schelling est « *ein dreistes, vornehmthuendes Schwadroniren* (un bavardage effronté, se donnant des airs d'importance) », un « *leichtfertiges in den Tag hineinschwätzen* (caquetage inconsidéré au jour le jour) » ; toute la philosophie depuis Kant est une « *alte Weiber und Rocken-Philosophie* (philosophie surannée de femmes et de quenouilles) ». Ces gens habitués à prendre les mots « pour des pensées », ont « déconsidéré la philosophie ». Au lieu de développer Kant, ses successeurs ou bien l'ont méprisé, ou ils ont mal compris, ou bien ils ont interverti son système, comme le montre, par exemple, la transformation de la distinction de l'idéal et du réel en ce qui a été appelé *philosophie d'identité* (*Identitätsphilosophie*).

8.

L'antithèse de l'idéal et du réel a été mise sur le tapis par Descartes, portée au pinacle par Kant et tranchée comme un nœud gordien par Schelling, qui a admis de nouveau l'identité de l'idéal et du réel. Par suite, tout ce qui a été écrit sur la philosophie depuis Kant, doit être effacé et recommencé à nouveaux frais à partir de Kant. Si l'on fait même abstraction de l'opposition de principes qu'ils font à la doctrine de Kant et que nous venons d'indiquer, tous ces écrits ne sont qu'un jeu de mots et d'idées, vide, sans esprit et sans résultat, dans lequel « le non-sens se réfugie derrière l'obscurité de l'élocution » et dans lequel, aussitôt qu'on enlève leur masque à ces soi-disant mystères de la pensée absolue, « on met au jour le secret que des pensées très-communes se cachent derrière un pareil épouvantail d'expressions ». « Cette satisfaction inexprimable de mots », dit Schopenhauer à propos de la mauvaise philosophie dans le deuxième volume de son œuvre la plus importante, « est tout à fait caractéristique pour les têtes mal organisées ; elle provient de leur inaptitude à arriver à des idées claires dès qu'ils doivent aller au delà des relations les plus triviales et les plus simples, par suite de la faiblesse et de l'apathie de leur intelligence, et de la conscience secrète de cette faiblesse qui, chez les savants, vient s'allier avec la dure nécessité, reconnue de bonne heure, de se faire passer pour des êtres qui pensent, et c'est la nécessité de se trouver en face de cette exigence qui les force à tenir à leur disposition un pareil arsenal de mots tout prêts ». Cette *philosophie de mots*, vis-à-vis de laquelle Schopenhauer est avec raison encore plus inflexible que la philosophie expérimentale moderne, il la reproche avec insistance avant tout à la nation allemande, nation pour laquelle, bien qu'il soit Allemand, il ne paraît avoir aucune prédilection particulière. Il désigne les Allemands comme étant des gens qui « cherchent dans les nuages ce qu'ils ont à leurs pieds », ou qui « sont habitués à prendre les mots pour des idées », et il déclare qu'il est entièrement d'accord avec Wieland lorsque ce dernier dit qu'il considère comme un malheur d'être né Allemand.

C'est non-seulement contre Fichte, Schelling et Hegel, mais contre toute la phalange des professeurs de philosophie que Schopenhauer dirige ses traits qui font de si profondes blessures. Il porte contre eux l'accusation qu'ils veulent écrire et parler plutôt en vue des avantages extérieurs et de leur position qu'en vue de la vérité et que leur solution est : *Primum vivere, deinde philosophari!* pendant que, au contraire, les philosophes *véritables* et *sincères*, ou bien, le plus souvent, sont poursuivis, ou bien ne deviennent célèbres qu'après leur mort. Il dit de lui-même qu'il « prend la philosophie trop au sérieux pour pouvoir en être professeur », et il considère en général comme un caractère distinctif du libre penseur qui recherche la vérité, qu'il ne doit être circonscrit que par les limites qu'il s'impose à lui-même et ne doit être à la solde de personne. « Pris dans son ensemble », dit-il avec autant de grossièreté que d'exactitude, « l'alimentation des professeurs est la plus convenable pour les ruminants à l'étable. Au contraire ceux qui prennent leur alimentation propre des mains de la nature, se trouvent mieux en liberté. » En général le caractère que Schopenhauer assigne au libre penseur par opposition avec ceux qui ne travaillent que d'après les pensées des autres et qui recueillent les fruits qui en proviennent, sont tout à fait bons et, sur certains points, d'une exactitude vraiment frappante. A propos de la mention qu'il fait des professeurs de philosophie, leur manière d'écrire obscure, incompréhensible, et leur procédé de soutenir un jeu vide de pensées au moyen d'idées abstraites, vagues, générales, qui perdent d'autant plus en valeur concrète qu'elles visent plus haut, est châtié sans pitié. Plus on s'élève dans l'abstraction, dit Schopenhauer, moins on le pense. Les dernières idées, celles qui sont les plus élevées, les plus générales ou les plus abstraites sont aussi les plus pauvres, comme par exemple : *Sein* (être; existence), *Wesen* (être ; substance), *Ding* (chose), *Werden* (devenir), etc., etc; ce sont des cosses vides qui ne renferment rien. Quels services peuvent rendre des systèmes de philosophie qui sont édifiés sur de pareilles idées comme bases? Schopenhauer applique fréquemment à cette philosophie le proverbe arabe si admirable : « J'entends bien le moulin faire son tictac, mais je ne vois pas la farine. »

Dans une telle situation, l'hostilité et le manque de considération que les philosophes collègues de Schopenhauer ont manifestés jusqu'ici à son égard, sont très-compréhensibles, et c'est à peine si l'on peut leur reprocher d'avoir, dans leur propre intérêt, fait aussi longtemps autour de lui d'une manière systématique un silence de mort. Cela leur était d'autant plus facile que Schopenhauer n'écrit par pour la plus grande partie du public, mais qu'il écrit d'une manière tout à fait spéciale pour les philosophes, et que son mode d'exposition est, dans la plupart des cas, assez fastidieux pour ceux qui ne sont pas philosophes. Si l'on ajoute à cela sa position isolée en philosophie qui n'imposait à personne le devoir précis de s'occuper de lui, on comprendra facilement pourquoi il a pu s'écouler tant d'années avant que Schopenhauer fût connu. Cependant il le mérite à un degré plus éminent que quelques autres dont le nom est dans toutes les bouches. A l'heure qu'il est, les relations anciennes se sont un peu modifiées : les luttes philosophiques se décident sur un terrain quelque peu étendu, et un homme comme Schopenhauer ne peut plus être laissé de côté sans qu'on en tienne compte. Du reste « l'histoire de la philosophie » dont l'examen, en partant du point de vue de Schopenhauer, nous a conduit jusqu'ici, le regardera lui-même toujours plutôt comme une curiosité philosophique et comme un dernier champion des idées subjectives et idéalistes de la philosophie spéculative, que comme un précurseur de l'époque moderne, pour lequel, néanmoins, il se trouve en lui un si grand nombre d'éléments (1). L'époque des systèmes paraît être passée et ne reviendra peut-être jamais.

Si nous avons considéré antérieurement comme excellent, le caractère que Schopenhauer a donné du libre penseur, cette qualification doit convenir à un degré encore bien plus élevé au portrait qu'il fait du *génie*. C'est un sujet sur lequel il revient volontiers et fréquemment,

(1) Ed. Löwenthal (*System und Geschichte des Naturalismus*; le naturalisme considéré au point de vue systématique et historique; Leipzig, 1862) le désigne comme étant un « *zwitter gestaltiger Eckensteher an dem neuesten Wendepunkte der Philosophie, auf der einen Seite Naturalist, auf der anderen Transcendentalist* (un individu à idées bâtardes, placé à un des points de transformation de la direction philosophique qui est d'un côté naturaliste, de l'autre transcendentaliste, semblable en cela à l'individu qui, placé au coin d'une rue, regarde tantôt à droite, tantôt à gauche) et sa doctrine comme étant une « *verfehlte Versuch, einen normalen Real-Idealismus herzustellen* (tentative avortée de rétablir un idéalisme réaliste normal) ». — « Considéré dans son ensemble », dit plus loin Ed. Löwenthal dans le même ouvrage, « Schopenhauer pousse tellement au pinacle le transcendentalisme de Kant que, dans cette direction, il retombe finalement sur le spinozisme ; mais, d'autre part, il a développé, d'une manière digne d'être constatée, l'élément empirique de Kant, en sorte que, sous ce rapport, il lui arrive involontairement d'avoir un pied sur le domaine du naturalisme, empirique et pragmatique, moderne. »

et celui qui en lit le portrait, pour peu que, durant sa vie, il ait reçu en partage, de la mère nature même, seulement une petite étincelle de ce que l'on appelle génie, doit s'y reconnaître. Pour ceux qui sont impartiaux, il est indubitable que Schopenhauer est dans ce cas : en effet celui-là seul qui a lui-même du génie, a pu connaître ainsi et reproduire ses caractères particuliers les plus mystérieux. Les souffrances intérieures du génie, ses luttes, ses revers, sa misanthropie, sa guerre contre le monde qui l'environne et qui le comprend rarement et même ne le comprend pas du tout, sa situation voisine du dérangement d'esprit et de la folie; tout cela trouve en Schopenhauer un artiste qui peint avec des couleurs très-éclatantes, qui sait en même temps entremêler ses tableaux d'une multitude d'anecdotes excellentes sur la vie des hommes de génie. Schopenhauer démontre notamment d'une manière tout à fait supérieure que la rage de persécutions dont le génie a, en thèse générale, à souffrir, provient précisément de sa supériorité intellectuelle : en effet, cette supériorité « isole plus que toute autre chose et fait détester au moins en secret ». En revanche les imbéciles sont généralement aimés parce qu'ils permettent aux autres de mettre leur supériorité d'esprit en lumière en leur présence. « Pour certains hommes », dit Lichtenberg en conformité de ce que nous venons de dire, « un homme de tête est une créature plus funeste que le fripon le plus déclaré. » Même l'acceptation la plus indispensable fait, suivant Schopenhauer, défaut au génie, en thèse générale, pendant sa vie, et elle ne se manifeste qu'après sa mort. « Le simple savant », dit Schopenhauer en s'aidant d'une comparaison excessivement ingénieuse, « considère le génie comme un lièvre qui ne peut lui servir qu'après sa mort et qui peut alors être accommodé comme on le veut, sur lequel on doit donc diriger ses coups tant qu'il vit. » A toutes les époques et sur toute la terre, il existe, suivant Schopenhauer, une conspiration de toutes les têtes médiocres, mauvaises et stupides, contre l'esprit et l'intelligence, conspiration qui a été ourdie par la nature elle-même. « Et ne voyons-nous pas en effet à toutes les époques », dit Schopenhauer dans un passage des « *Parerga und Paralipomena* », « les grands génies, que ce soit en poésie, en philosophie ou dans les arts, se trouver comme des êtres supérieurs isolés qui soutiennent seuls une lutte désespérée contre toute une armée? En effet la stupidité de la plus grande partie du genre humain s'oppose éternellement à leur action et forme ainsi cette armée ennemie sous les efforts de laquelle ils finissent par succomber. » Et il dit encore dans son écrit sur la liberté de la volonté qui a été couronné : « Mais non-seulement la nature n'a produit à toutes les époques qu'un nombre excessivement petit de penseurs véritables qui doivent être considérés comme de rares exceptions, mais ce petit nombre même de penseurs n'a toujours existé comme tel que pour un très-petit nombre. L'erreur et le préjugé ont, au contraire, toujours continué à maintenir leur domination. » Personne ne sera malheureusement en état de donner un démenti au cri perçant qui s'échappe des profondeurs les plus intimes de la poitrine de cet homme de génie qui a lutté si longtemps en vain pour arriver à être reconnu, et il ne manquera jamais, en aucun temps, d'exemples qui viennent confirmer cette observation si ancienne, qu'on poursuit les grands hommes pendant leur vie et qu'on leur élève des monuments après leur mort.

S'accordant ainsi avec sa polémique contre la philosophie enseignée actuellement dans les écoles et contre ses tendances à laisser de côté l'expérience, Schopenhauer, en ce qui concerne la philosophie et ses méthodes, se déclare en toute occasion d'une manière très-nette dans le sens de la *philosophie dite expérimentale*, mais il ne faut assurément pas entendre par là *ce* qui, dans ces dernières années, a été décoré de ce nom comme étant le but précis auquel la philosophie doit atteindre. Comme un si grand nombre de ses prédécesseurs ou de ses contemporains, Schopenhauer montre beaucoup de pénétration et de clairvoyance pour parler en faveur de l'expérience comme étant la seule station de refuge stable au milieu de cet océan des opinions philosophiques, si sujet aux oscillations du flux et du reflux; mais il ne montre pas autant de courage et de fermeté pour se jeter entièrement d'une manière positive dans les bras de l'expérience et lui sacrifier avec empressement celles de ses opinions qui ne sont pas d'accord avec l'expérience. Au contraire, il recherche bien partout les faits, notamment ceux qui appartiennent aux sciences naturelles, mais, ou bien, dans la plupart des cas, ils sont rassemblés et appliqués de telle manière qu'ils servent bien à *donner du relief* à son système, mais ne servent pas à l'*étayer*, ou bien ils sont tout à fait mal compris par lui. Il paraît que celui qui a été élevé dans la philosophie spéculative et qui en a été nourri dès le principe avec son lait, n'est pas en état d'approprier son esprit à l'étude de ce qui est réel et empirique, comme un philosophe, adepte positif de la méthode expérimentale, peut le faire : une instruction positive dans les considérations de l'étude des sciences naturelles ou et en général de l'empirisme peut seule suppléer à ce défaut. Tout ce qui a été exposé jusqu'ici par les philosophes sous la dénomination de philosophie expérimentale, a peu servi à cause de cela, malgré tous les efforts de son titre et a quitté bientôt sa position première pour retourner aux constructions spéculatives (1). Ainsi Schopenhauer lui-même n'est assurément un véritable philosophe d'expériences que dans quelques parties isolées, mais cependant ce qu'il dit de l'emploi de l'expérience dans la philosophie est très-vrai et mérite doublement d'être remarqué dans la bouche d'un philosophe idéaliste. Une vraie philosophie, dit Schopenhauer, ne peut pas être édifiée au moyen de simples idées abstraites, mais elle peut l'être au moyen des données de l'observation et de l'empirisme. La philosophie de tous les temps oscille, suivant lui, dans un sens ou dans l'autre entre l'emploi des sources de connaissances dites *objectives* et l'emploi des sources de connaissances dites *subjectives*. Les *scolastiques* et, avec eux, Kant croyaient que la métaphysique ne devait nullement s'appuyer sur l'expérience et se fermaient ainsi la route qui les aurait conduits à la vérité. Du reste « la solution du problème du monde doit ressortir de la compréhension ou connaissance parfaite et complète du monde même ». La métaphysique ne doit pas laisser de côté l'expérience ; mais elle doit en arriver à une compréhension foncièrement complète.

L'expérience provenant de l'extérieur et de l'intérieur, telle est, suivant Schopenhauer, la source principale de toute connaissance. Il désigne son propre système

---

(1) Naturellement l'expérience ne peut pas à elle seule fonder une philosophie, mais l'expérience et le syllogisme doivent se compléter réciproquement. A peine si jamais la méthode empirique peut donner la preuve qu'il n'existe plus aucun fait contradictoire; en effet, la nature est plus riche que l'expérience. Bacon même se servait de la spéculation dans les cas où sa méthode empirique ne suffisait plus. La connaissance de l'*ensemble* est le dernier but de toute science : une simple accumulation de matériaux présente peu de valeur. Cependant les théories ne suffisent pas *exclusivement* : elles n'ont de valeur que *provisoirement*. La philosophie doit progresser avec le temps et en suivre le cours.

(*Remarque de l'auteur.*)

comme étant une déduction de l'expérience — assertion qui, assurément, doit être considérée comme étant plus que hardie. Il désigne aussi, par la même raison, son système comme étant un *dogmatisme immanent* par opposition avec le *dogmatisme transcendental* de Kant qui va au delà du monde, tandis que ses propres propositions doctrinales, ainsi qu'il le prétend, sont bien dogmatiques, mais s'appuient sur l'expérience et ne vont pas au delà du monde que nous fournissent les données de l'expérience. Il désigne sa philosophie comme ayant été formée par la voie dite *analytique* et non par la voie *synthétique*. Elle ne pourrait pas se contenter de mots, ni d'idées générales, mais elle cherche partout à pénétrer au fond des choses. Nous sommes, suivant l'expression de Schopenhauer, dans ce monde comme dans une prison. Nous ne savons pas ce qu'il y a au delà, et nous sommes hors d'état de résoudre le grand problème du monde qui reste toujours posé devant nous comme un sphinx qui nous menace, ou d'arriver à la connaissance du soi-disant *absolu* par les opérations de la raison. Au lieu de parler d' « absolu, infini ou surnaturel», on pourrait tout aussi bien, suivant Schopenhauer, parler de « *Wolkenkukuksheim* (pays de Cocagne) ». En parfait accord avec ces prémisses, Schopenhauer nie même expressément en différents passages la possibilité d'une *métaphysique*, bien que, en d'autres endroits, il l'admette de nouveau, ce qui implique contradiction, et en dise que la métaphysique est ce qui nous permet de reconnaître le noyau des choses dans la *volonté*. En fait, sa *volonté* est une chose qui ne le cède à aucune autre en importance métaphysique. Il doit, suivant Schopenhauer, y avoir une métaphysique, mais elle doit être de telle nature qu'elle ne se sépare jamais de l'expérience : elle reste *immanente*, ne devient pas *transcendentale*, et ne parle jamais de « la chose en elle-même » que pour envisager ses rapports avec le phénomène. Plus loin, Schopenhauer, dans sa lutte contre la philosophie abstraite, s'oublie même au point d'ajouter que *les systèmes doivent toujours pencher dans un sens*. Le point de vue le plus élevé, qui embrasse tout et tient compte de tout », dit Schopenhauer dans les *Parerga und Paralipomena*, « peut seul fournir la vérité absolue ». Assurément, et l'on s'étonnera ici avec raison que, après être arrivé à une telle idée, Schopenhauer puisse persister encore dans *son* système.

Comme pour l'expérience en général, Schopenhauer fait voir aussi la plus grande considération pour les sciences naturelles en particulier et ne convient pas seulement d'une manière expresse (assurément ici encore d'une manière tout à fait différente de celle des « professeurs de philosophie » qu'il combat) de leur haute importance pour la philosophie ; mais il reconnaît encore continuellement cette importance en revenant fréquemment sur les questions de philosophie naturelle. Si l'on rencontre ici beaucoup d'erreurs et d'idées biscornues, les efforts que Schopenhauer fait pour s'instruire de ces choses, sont tout à fait dignes d'attention, et la richesse de son contingent de connaissances positives est considérable par comparaison avec ce que, en thèse générale, les philosophes avaient autrefois l'habitude de savoir sur la nature.

Il ne peut manquer d'arriver que, sur le point que nous examinons, les idées de Schopenhauer présentent assez fréquemment une grande et souvent importante concordance avec ceux des écoles matérialistes modernes. Il ne manque cependant aucune occasion de combattre la doctrine désignée sous le nom de *matérialisme* qu'il considère comme la conséquence du *réalisme* et qui, à l'époque où il écrivait, n'était pas encore comme aujourd'hui le sujet de la conversation générale du jour : mais la manière dont il le combat, montre qu'aucune autre direction philosophique ne lui occasionne, par rapport à sa manière propre d'envisager le système du monde, autant de difficultés intrinsèques que la doctrine matérialiste, et qu'il ne cherche pas à déprécier la force intrinsèque de cette doctrine. Sa principale opposition contre le matérialisme découle de sa théorie du monde considéré comme image représentative et de sa thèse : point d'objet sans sujet. Le matérialisme, suivant Schopenhauer, prend à tort, et seulement en s'appuyant sur une énorme *petitio principii*, l'objet pour base de sa philosophie ; en effet, sans le principe de la connaissance qu'il édifie comme une émanation de la matière, nous n'aurions aucune notion de rien, pas même du point de départ du matérialisme, la *matière !* Toutefois, comme, au fond, le but et l'idéal de toute science naturelle est un matérialisme tout à fait complet, il ressort de là que toute science ne peut jamais, dans le sens propre du mot, atteindre le terme qui lui est proposé, ni pénétrer jamais l'essence la plus intime du monde : tout savoir est seulement *relatif*. Les matérialistes doivent être d'autant plus satisfaits de cette explication de Schopenhauer qu'ils conçoivent eux-mêmes de prime abord l'objet comme indépendant de sa représentation. Schopenhauer s'accorde au contraire entièrement avec les matérialistes, ou, pour parler avec plus d'exactitude, avec tous ceux qui s'adonnent à l'étude de la nature, lorsqu'il s'agit de la propriété que présente la matière, d'être *impérissable*. Ce n'est pas par des raisons chimiques, mais c'est par des raisons philosophiques que Schopenhauer trouve excessivement absurde de douter d'une vérité aussi claire et aussi solidement établie, et il fait l'observation suivante, en opposition avec Hegel : « nier ce fait, c'est renoncer à tout bon sens ». « La substance persiste (*beharrt*) toujours, » dit Schopenhauer dans une autre passage, « c'est-à-dire elle ne peut se former spontanément, ni prendre fin; le *quantum* de substance qui se trouve dans le monde, ne peut donc, ni s'augmenter, ni diminuer ». Schopenhauer désigne de plus la matière comme étant « absolue » et dit que c'est la seule chose à laquelle cette désignation puisse être appliquée. Il attribue même à la matière la faculté de penser et définit expressément la *pensée* comme étant une fonction organique du cerveau. « Si la matière peut bien tomber à terre », dit il dans un autre endroit, « elle peut aussi penser ! » Il n'y a donc pas d'antithèse entre l'esprit et la nature. Descartes a été, suivant Schopenhauer, le premier qui ait distingué la substance en substance *pensante* et en substance *étendue*, et cet axiome a persisté pendant longtemps jusqu'à ce que Spinoza ait expliqué que les deux espèces de substances devaient être réunies en une seule et même espèce. Il en a été de même plus tard de la distinction entre l'idéal et le réel. De même qu'il combat le matérialisme, Schopenhauer combat aussi l'*atomisme*, et là assurément comme partout où les philosophes se mettent en lutte contre les notions des sciences naturelles, des erreurs étranges se produisent. En ce qui concerne les deux hypothèses bien connues qui ont cours relativement à la lumière, Schopenhauer les rejette toutes deux, et là encore il n'est pas possible de reconnaître où il a pris le droit de rejeter, par des raisons puisées dans la philosophie, des choses qui ne peuvent être appréciées que par la connaissance de la physique. Dans l'endroit où il est question de la permanence de la chaleur (*Beharrlichkeit der Wärme*), on rencontre encore un pressentiment remarquable de cette grande vérité naturelle découverte de nos jours que l'auteur de ce mémoire a désignée sous le nom d' « immortalité de la force ». En ce qui concerne la *lumière*, il croit cependant qu'elle pourrait disparaître, ce qui vient de ce qu'il ne sait pas que les forces naturelles ne disparaissent pas, mais prennent seulement des formes différentes. D'accord avec cette croyance, il tient fortement à cette opinion manifestée fréquemment par d'autres que, par suite du rayonnement de la chaleur, le monde entier doit tomber peu à peu dans le froid, la nuit et l'engourdissement. En *astronomie*, il se préoccupe de la question inutile de savoir si l'espace peut avoir une limite et s'il peut y avoir une étoile fixe qui soit placée le plus extérieurement possible? Nous savons très-bien aujourd'hui que déjà, d'après les lois de la gravitation seule, une limite de l'étendue du monde stellaire est une chose impossible. En général, Schopenhauer, comme tous les philosophes spéculatifs, croit pouvoir parler sur toutes choses, en tant qu'elles se trouvent comprises dans le cercle qui constitue son horizon, et les juger d'une manière définitive en prenant pour point de départ ses connaissances philosophiques. C'est ainsi que l'on rencontre parfois en effet, même dans ses explications de philosophie naturelle, malgré la manière énergique avec laquelle il fait face à la *téléologie*, des idées d'un caractère téléologique très-prononcé. En *géologie*, Schopenhauer n'éprouve aucun scrupule d'émettre sur la production chimique du granit des idées qui s'accordent très-peu avec nos connaissances actuelles. L'*histoire de la terre* n'est pas, dans son opinion, autre chose qu'une objectivation insensiblement ascendante de la *volonté* dont l'*homme* constitue le dernier et suprême degré !!! A côté de ces bizarreries se trouvent cependant encore quelques idées très-saines et doublement dignes d'être mentionnées, puisqu'elles sont émises par un philosophe, sur la formation successive des espèces organiques, des races humaines, etc., etc. Schopenhauer croit de plus encore aux grandes révolutions terrestres, à trois points de départ pour l'origine de l'humanité dans le monde *ancien*, etc., etc. Jamais, suivant Schopenhauer, il n'a dû y avoir une race naturellement *blanche*, mais il a dû s'en produire une par l'action des influences climatériques, théorie que Schopenhauer avance probablement par affection pour son hindou de couleur brune. Schopenhauer méconnaît ici entièrement l'influence notoire et puissante de la différence originaire des races sur le développement corporel et intellectuel des peuples. Il affectionne aussi l'idée fausse que l'homme a été destiné par la nature à se servir d'une nourriture *végétale*. A cette opinion viennent se rattacher ensuite quelques fantaisies physiologiques de nature très-peu physiologique qui rappellent beaucoup le temps de la philosophie de la nature. Schopenhauer admet notamment avec beaucoup de chaleur cette pauvre « force vitale (*Lebenskraft*) » qui, actuellement, tombe de plus en plus dans l'oubli, et dit qu'il faut être *stupide* pour la combattre. La force vitale peut donc se retourner encore une fois dans la tombe et remercier. S'il n'y pas de force vitale, ce doit être, dans l'opinion de Schopenhauer, ou le *hasard* ou *Dieu* qui ont créé les êtres organiques, mais comme ni l'une ni l'autre des deux hypothères n'est possible, il doit y avoir une force vitale. Dans le fait, la preuve est frappante ! Elle n'est du reste toujours pas plus mauvaise que la logique dont se servent nos champions les plus modernes de la force vitale ! S'accordant sur ce point avec les « philosophes d'école », contre lesquels il a montré tant d'animosité, Schopenhauer se déclare contre l'idée de ramener la vie organique au chimisme et contre les physiologistes électriques, chimiques et mécaniques qui veulent avec opiniâtreté expliquer la vie en partant de la forme et du mélange de ses éléments. Tout ce qui se passe dans le corps, ne constitue plutôt, dans son opinion, rien autre chose que des phénomènes de la *volonté*. Les dents, la bouche, le canal intestinal, constituent la faim à l'état objectif; les *genitalia* constituent les instincts sexuels à l'état objectif, etc., etc.

La vie dite *latente* dans le sens le plus exagéré, les crapauds vivant enfermés dans la pierre, le froment de momies datant de tant de milliers d'années et les autres choses analogues trouvent en Schopenhauer un croyant plein de complaisance. Mais ce philosophe qui examine la nature sous le faux jour de son système, se trompe évidemment au plus haut point lorsqu'il vient à parler au point de vue physiologique, de ce l'on désigne sous le nom de « vie nocturne de l'âme ». Toutes ces fables innombrables du magnétisme animal, même les plus invraisemblables, Schopenhauer les prend pour de l'argent comptant et il considère les phénomènes d'apparitions d'esprit, de vision lucide, de rêve des somnambules, la seconde vue, les cures sympathiques, etc., comme des faits démontrés. Il s'appuie, pour prouver ce qu'il dit, sur l'opinion des gens comme Kieser, Jung Stilling, Just. Kerner, et désigne les contradicteurs comme étant tout uniment des *ignorants*. Schopenhauer considère du reste le magnétisme animal comme étant la plus instructive de toutes les découvertes qui aient jamais été faites en philosophie et en métaphysique pratique, et il ajoute même que le *Christ* a fait des miracles au moyen du magnétisme animal ! Il s'égare ici dans des phrases extravagantes sur les courants magnétiques, sur la direction des pôles, sur la force vitale, etc., et les expressions stupides de la *visionnaire de Prévorst* qui fait attendre un esprit jusqu'à ce qu'elle ait mangé sa soupe, sont indiquées comme confirmant la doctrine de Kant sur la chose en elle-même. La *magie* du moyen âge trouve même grâce à ses yeux, tout cela naturellement par aucune autre raison que parce qu'il croit y trouver des confirmations positives de sa doctrine et de celle de Kant. Comme, suivant Kant et Schopenhauer, le temps et l'espace ne son pas *réels*, mais sont *subjectifs*, le sujet dans la somnambule doit pouvoir être affranchi des limites qui lui sont assignées, et la vue dans l'avenir et à distance doit, d'après cela, devenir possible. Les cures sympathiques au contraire, ainsi que beaucoup d'autres phénomènes du magnétisme animal, se trouvent expliquées par une action immédiate de la *volonté ;* aussi les impostures et les supercheries sans nombre des soi-disant magnétiseurs de la volonté paraissent-elles à Schopenhauer venir en cela fort à propos. Les scènes comiques que, à l'occasion de la présence à Francfort-sur-le-Mein de Regazzoni, ce magnétiseur bien connu, dont les impostures évidentes ont été démasquées par les médecins de Francfort, Schopenhauer a fait naître par son enthousiasme pour les extravagances de cet imposteur, sont bien connues. Ce qu'il dit au contraire sur la transmission physiologique des particularités intellectuelles par voie d'hérédité, est très-bon. Suivant Schopenhauer, on hérite de la mère en ce qui concerne l'*esprit* ou l'*intelligence*, et du père en ce qui concerne le *caractère* ou la *volonté*.

En 1836, Schopenhauer a publié un petit écrit tout spécial « *Ueber den Willen in der Natur*, etc., etc. (sur la volonté dans la nature, etc., etc.), » dans lequel il expose les prétendues confirmations que les découvertes de la science empirique qui ont été faites dans ces derniers temps, ont dû venir apporter à sa philosophie. Si l'on veut se convaincre avec une complète évidence que ces confirmations font entièrement défaut, on doit lire ce petit écrit. La principale autorité de Schopenhauer est une sommité tout à fait inconnue ; un docteur Brandis en Danemark, qu'il désigne en outre tout à fait à tort comme étant un « empirique ». Si l'on doit du moins tirer une conclusion des passages de cet auteur que Schopenhauer nous a communiqués, ces passages caractérisent M. Brandis comme étant, non un empirique, mais un partisan de l'ancienne école de philosophie naturelle, et, en outre, ou bien sont tout à fait peu favorables à Schopenhauer, ou bien sont loin de présenter aucun rapport avec les idées de Schopenhauer, subissent une interprétation forcée, etc., etc. Schopenhauer peut encore citer les noms plus célèbres de Meckel et de Burdach, mais seulement dans les passages où ils se sont montrés favorables à ces idées anciennes de la « philosophie de la nature », qui, ainsi que tout le monde le sait, sont tombées entièrement aujourd'hui en discrédit.

Enfin, dans une dernière question qui appartient au sujet qui nous occupe ici, dans la question de l'*âme des bêtes*, Schopenhauer se place à un point de vue qui se distingue bien, à son avantage, des idées de la philosophie spéculative, mais qui reste en arrière des idées de la philosophie moderne d'expérience. Schopenhauer est animé d'une compassion profonde pour les souffrances des animaux, qui prend sa source, en partie dans son propre cœur, en partie dans sa philosophie, et démontre d'une manière excellente comment, parmi les philosophes, les *idéalistes* sont précisément ceux qui ravalent l'*animal* au-dessous de soi-même et qui, par de fausses conséquences philosophiques, arrivent à des principes de dureté et de barbarie à son égard. L'animal, suivant

Schopenhauer, n'a pas seulement de l'intelligence, de la sensibilité, de la mémoire, etc., etc., mais il a encore la connaissance de son *moi*, de cette conscience individuelle que lui refusent quelques philosophes insensés, sans l'*apparence* d'une raison. Un tel philosophe, proclame Schopenhauer, devrait se trouver une fois entre les griffes d'un tigre et découvrir, à ses dépens, quelle différence ce tigre sait faire entre le *moi* et le non-moi. L'homme et l'animal sont d'essence identique et devraient être considérés comme « frères ». Lorsqu'on les compare avec les religions chrétiennes, les religions de l'*Inde* possèdent, suivant Schopenhauer, cette grande supériorité qu'elles ne commencent pas, comme les premières, par établir comme principe une séparation rigoureuse entre l'homme et l'animal et qu'elles ne considèrent pas ce dernier comme une *chose*, mais qu'elles reconnaissent au contraire la profonde parenté qui existe entre tous les deux. Aussi l'animal est-il encore actuellement, dans les Indes, l'objet d'une haute considération, tandis que, par opposition, la barbarie froide des Européens à son égard doit blesser tout cœur sensible. Toutefois, suivant Schopenhauer, l'homme se distingue *essentiellement* de l'animal par la raison (*Vernunft*) ou faculté de produire des idées. Les animaux ne doivent avoir de l'entendement que celui qui se rapporte seulement à la *notion intuitive* (*Anschauen*), mais ils ne doivent pas avoir de *raison* qui ne puisse jamais être notion intuitive, et de cette manière, l'essence de l'esprit qui est propre à chacun d'eux, doit être profondément séparée. La *raison* doit être la faculté de former des idées *abstraites;* l'entendement, la faculté de former des idées *intuitives*. Faisant du reste abstraction de ce qu'il n'y a pas de raisons philosophiques suffisantes pour tomber d'accord sur une telle séparation de la *raison* et de l'*entendement*, Schopenhauer oublie les nombreux degrés de transition, — au point de vue matériel et au point de vue intellectuel, — que les sciences empiriques ont démontré exister entre l'homme et l'animal, et qui annule ici toute différence significative comme pour les autres délimitations établies dans le règne animal par l'esprit systématique de l'homme. Une grande quantité de cas dans lesquels ce classement philosophique, exposé par Schopenhauer, serait tout à fait inapplicable, peuvent cependant être trouvés dans la nature, bien que l'on doive aussi concéder que la nature, après avoir franchi une limite, peut développer, dans les êtres d'une nature plus élevée, des capacités tout à fait nouvelles et des dispositions qui ne ressemblent pas aux premières.

Si donc nous jetons un coup d'œil rapide sur ce que nous venons de dire en terminant, nous voyons que, malgré sa grande estime pour les sciences naturelles, les relations de Schopenhauer avec ces sciences restent assez infructueuses, et le fait seul de voir un philosophe idéaliste non-seulement reconnaître, mais même défendre de la manière la plus vive, le droit positif des sciences naturelles de se mêler d'une discussion philosophique, reste digne d'être remarqué. Schopenhauer nous paraît bien plus brillant lorsque nous le voyons s'occuper de ce qui est du ressort de la théorie et agiter le fouet de la critique contre les erreurs théologiques de la même manière qu'il l'a fait antérieurement contre les idées philosophiques.

Cette critique exerce une action tout à fait fatale sur l'idée à la fois théologique et philosophique de l'*absolu* qu'il désigne comme étant la nouvelle manière de désigner le bon Dieu (*neumodischen Titel für den lieben Gott*) et qu'il fait dériver des efforts de la philosophie pour être agréable à la théologie. La philosophie ne peut pas, dans son opinion, cesser d'avoir pour but de chercher une *causa efficiens* ou *causa finalis* du monde : elle ne cherche pas *d'où* vient le monde, ni pourquoi il est là, mais seulement *ce qu'est* le monde : elle n'a donc pas à se tourmenter de la question du soi-disant *absolu*. « Si les maîtres veulent absolument un absolu », proclame Schopenhauer d'une manière assez nette dans un passage, « je leur en mettrai un dans les mains qui répond à toutes les exigences d'une telle conception bien mieux que leurs formes nuageuses extravagantes : c'est la *matière !* » Suivant Schopenhauer, aucune des *anciennes* philosophies ou des *anciennes* religions n'enseigne rien de Dieu ou de l'absolu, pas plus que de l'origine des temps, et il est scandaleux de voir comment, dans les écrits des savants, les expressions *théisme* et *religion* sont, en thèse générale, considérées comme identiques, ce qui vient de ce que la philosophie a été seulement jusqu'ici la servante de la théologie et de la politique. Le *bouddhisme* qui compte 300 millions d'adhérents, est absolument athée. Les deux formes de religion de la Chine, la religion de *Taossee* et celle de *Confucius* sont également athées, et la langue *chinoise* ne contient aucun mot, ni aucune expression pour rendre les idées de Dieu et de création. Dans l'antiquité, aucun autre peuple que le *peuple juif* n'a eu l'idée d'une révélation et d'un seul Dieu, créateur de l'univers, ou du *monothéisme*, et c'est seulement par eux que cette idée a été transmise au christianisme et au mahométisme. Le *panthéisme* s'en tire, avec Schopenhauer, non moins mal que le monothéisme. Suivant ce philosophe, un dieu impersonnel n'est pas un Dieu, mais un non-sens, un mot employé mal à propos, une *contradictio in adjecto*. Les panthéistes pensent avoir beaucoup fait parce qu'ils ont dénommé « Dieu » le principe intime du monde qui leur était inconnu. Mais un Dieu, prétend-il plus loin, qui se serait laissé aller à se transformer en un monde si mauvais, devrait vraiment être tourmenté par le diable. Dieu, reprend-il en se moquant, doit-il se transformer en 6 millions d'esclaves nègres recevant journellement 60 millions de coups de fouets, ou bien en 3 millions de tisserands européens? Spinoza a bien aussi appliqué au monde la dénomination de « Dieu », mais par des raisons qui n'appartiennent pas essentiellement à la chose en elle-même, c'est-à-dire par crainte du sort d'un Bruno ou d'un Vanini. Ce que les panthéistes désignent sous le nom de « Dieu », n'est autre chose que la « volonté »; par cette hypothèse seulement, on peut se sauver du déterminisme. Le mouvement de l'univers ressemble à celui d'une *horloge* qui continue à marcher une fois qu'elle a été remontée. Il n'y a donc pas à choisir, ou bien si l'on doit considérer le monde comme une simple machine dont le mouvement cessera nécessairement, ou bien si l'on doit reconnaître la *volonté* comme en étant l'essence. Quant au fait que, en face de telles circonstances, la philosophie de Schopenhauer, considérée au point de vue théologique, n'est ni monothéiste, ni panthéiste, mais est très-évidemment *athée*, il ne peut être l'objet d'aucun doute. Il est vrai que le rôle que Schopenhauer fait jouer à sa *volonté*, rappelle assez fréquemment celui que joue le Dieu des monothéistes ou celui des panthéistes, mais il s'en distingue cependant encore d'une manière trop significative pour qu'ils puissent être confondus entre eux. La volonté de Schopenhauer n'a elle-même rien de divin et, suivant son inventeur même, elle est active, sans avoir ni la *conscience*, ni la *pensée*. Son effort a lieu sans plan prémédité, sans projet, sans terme, sans but : par suite aussi, son objectivation, *la vie*, ainsi que tout phénomène, est misérable et également sans but, ni fin. La vie n'est susceptible d'aucune vraie félicité, mais constitue seulement une souffrance et un état généralement malheureux. « Ce que l'histoire rapporte, n'est que le rêve de l'humanité, si long, si pénible, qui tient du délire. » L'*histoire* montre que ce monde des hommes est le domaine du hasard et de l'erreur, que la folie, la méchanceté et l'absurdité y tiennent la tête des régiments et que le bien ne s'y fait jour qu'avec peine, ou n'arrive même pas à s'y faire jour : « La volonté », dit Schopenhauer, « joue la grande tragédie et la grande comédie à ses propres dépens et elle est son propre spectateur à elle-même ». Après avoir ainsi énoncé sa manière tout à fait sombre d'envisager le monde, Schopenhauer en déduit quelques considérations profondes et vraiment émouvantes, relativement aux misères de la vie dont il paraît avoir habitué son regard à pénétrer au dernier point les particularités.

En face de ce caractère foncièrement athée de la philosophie de Schopenhauer, sa contenance générale à l'égard de la religion et du christianisme ne peut pas être très-amicale. Un long chapitre des « *Parerga und Paralipomena* », qui est écrit sous forme de dialogue (1), s'étend sur la valeur et l'absence de valeur des religions et montre de quel point de vue impartial Schopenhauer peut partir dans des ques-

(1) La forme dialoguée, si convenable pour traiter les questions philosophiques contestées, est fréquemment choisie par Schopenhauer et maniée d'une manière très-habile. Il exprime son opinion personnelle à cet égard dans les termes suivants : « La forme dialoguée doit devenir vraiment dramatique parce qu'elle met entièrement en évidence et fait ressortir forcément à la longue la différence des idées. Le dialogue doit positivement avoir lieu entre deux interlocuteurs. Sans la pensée de faire ressortir ainsi la différence des idées, il constitue un bavardage oiseux comme cela se présente dans la plupart des cas. »

tions qui ne possèdent pas un rapport immédiat avec son système. Ses tendances antireligieuses sont pourtant prépondérantes. « Les religions », dit-il dans un passage, « sont comme des vers luisants. Elles ont besoin de l'obscurité pour briller ». La religion et la philosophie n'ont, suivant Schopenhauer, rien à faire l'une avec l'autre. Si l'on fait abstraction d'un petit nombre d'exceptions dans lesquelles il n'en a pas été ainsi, on reconnaît que, jusqu'à présent, la philosophie s'est presque toujours ravalée en se laissant influencer par les idées religieuses dominantes. La foi et la science sont des choses rigoureusement distinctes, dont chacune doit suivre sa propre voie : elles sont « comme les deux plateaux d'une balance ; à mesure que l'une descend, l'autre monte ». La révélation est un non-sens : il n'existe aucune autre révélation que les pensées des sages. C'est pour cela que les philosophes auxquels on donne le nom de *rationalistes*, ne se doutent même pas de l'esprit propre du christianisme. La vérité que cherchent les rationalistes, dirige ses efforts, non vers la *religion*, mais vers la *philosophie*. Celui qui veut être rationaliste, doit être philosophe : on ne peut pas servir deux maîtres à la fois. *Ou bien on a la foi, ou bien on est philosophe !* Dans la religion *chrétienne* en particulier, Schopenhauer sait découvrir de très-nombreuses imperfections, tant extérieurement qu'intérieurement, et affirme son infériorité par comparaison avec les religions des Grecs, des Romains, des Indiens, etc. Ce qui s'y trouve de bon, doit provenir de la consanguinité des religions de l'*Inde ;* mais tous les autres systèmes de religion doivent être préférés au Dieu des juifs et des chrétiens, *Jehovah*. Schopenhauer essaye notamment d'établir le compte des fautes dites *historiques* du christianisme et de comparer la morale chrétienne avec celle que les chrétiens ont *faite*. Les horreurs du fanatisme dans l'histoire nous sont connues, suivant lui, comme ne venant, à proprement parler, que des religions *monothéistes* comme le judaïsme, le christianisme et l'islamisme. Schopenhauer désigne le fanatisme comme étant un monstre redoutable qui, seulement à Madrid, a fait mourir dans les tourments sur le bûcher 300 000 hommes en trois cents ans, et donne un tableau saisissant de l'époque brillante de Périclès comparée au sombre fanatisme du moyen âge. (Quelques-uns de nos lecteurs se rappelleront peut-être involontairement à ce sujet ce que les Anglais font encore actuellement dans le pays qui a servi de berceau à la sagesse religieuse, en s'étayant du nom de la religion et de la morale chrétienne) (1).

Le dogme de l'immortalité individuelle (*persönliche Fortdauer*) trouve en outre dans Schopenhauer un antagoniste aussi déterminé que dangereux. Admettre, déclare Schopenhauer, que ce qui n'a pas existé pendant un temps infini, doit cependant continuer à exister pendant toute l'éternité, est assurément une hypothèse très-hardie. Ce qui n'a pas même de commencement ou bien est éternel, peut seul être indestructible. Notre manière d'envisager la religion commet donc cette grosse faute qu'elle admet une formation aux dépens de rien et cependant une durée éternelle de l'existence, tandis que les Hindoux, entièrement conséquents avec eux-mêmes, admettent bien aussi une continuation de l'existence après la mort, mais aussi une vie avant la naissance, et, en général, déclarent éternel tout ce qui est. La théorie de l'immortalité ne peut en aucune manière s'accorder avec une création aux dépens de rien : en effet, ce qui ne peut pas être anéanti, doit aussi avoir toujours existé. Toutes les preuves qui sont favora-

(1) Les lignes précédentes ont été écrites en 1859.

bles à la continuation de l'existence *après la mort*, peuvent se transformer également bien en preuves favorables à l'existence de la vie *avant la naissance*. Nous sommes donc indubitablement immortels, non comme personnes, comme individualités, qui ne constituent qu'un mode passager d'apparition de la force générale dans l'homme, mais seulement comme parties constituantes de cette force primordiale. La *mort* à l'égard de laquelle Schopenhauer montre avec beaucoup de profondeur qu'elle est le principe fondamental de toute philosophie, ne concerne pas, suivant lui, notre existence en elle-même, qui ne peut pas être détruite. Elle nous ramène à l'état de chose en elle-même, à cet état primordial dans lequel la différence entre l'objet et le sujet est nulle et dans lequel les imperfections de ce monde de phénomènes n'existent plus. Ce qui disparaît dans la mort, ce n'est pas l'existence de l'homme en elle-même qui ne connaît ni commencement ni fin, et qui ne connaît pas non plus les limites d'une individualité donnée, mais seulement la conscience individuelle qui n'est pas un *principe*, mais qui est une *conséquence* de la vie organique. La mort ressemble donc entièrement à un état de profond sommeil ou de syncope, et ne peut même pas en être distinguée. Elle doit donc, tout aussi peu que ces deux états, être redoutée et considérée comme fâcheuse : en effet n'être pas n'est pas douloureux, ainsi que les philosophes l'ont démontré à toutes les époques par des raisons entièrement justes. « *Mors est non esse* », dit Sénèque. Épicure dit aussi : « la mort ne nous concerne pas : en effet, lorsque nous existons, la mort n'est pas, et lorsque la mort est, nous n'existons pas ». On est donc tout à fait fou de craindre la mort : on doit même la désirer, parce que, suivant Schopenhauer, la perte de cette individualité ne constitue pas une *perte*, mais constitue plutôt un *profit*. « *Je ne sais pas* », dit Voltaire, « *ce que c'est que la vie éternelle ; mais celle-ci est une mauvaise plaisanterie* ». Mais c'est à cette conscience individuelle qui se perd dans la mort que se rattache, suivant Schopenhauer, l'existence particulière. Ce qui disparaît dans l'homme pris isolément et trouve de nouveau place dans un autre, c'est, dans le fond, entièrement la même chose qui tourne en suivant un cours circulaire éternel. Où sont les morts? demandes-tu. La réponse est : en toi-même. Malgré la mort et la putréfaction, nous sommes encore tous ensemble. Rien ne manque. *Ex nihilo nihil fit, et in nihilum nihil potest reverti !* Schopenhauer déplore profondément que le christianisme et le mahométisme aient détruit par le feu et le glaive la croyance consolante de l'humanité dans l'immortalité de notre existence en elle-même et aient mis à sa place une formation primitive aux dépens de rien et la continuation éternelle de l'existence qui est inconciliable avec cette formation.

En présence de ces idées, quelque lecteur supposera que Schopenhauer pourrait s'ériger en apologiste du *suicide*. Il n'en est cependant rien : il le réprouve et observe seulement que les motifs *théologiques* que l'on énonce contre le suicide, sont des sophismes « faibles, faciles à réfuter ». Plus loin, il affirme que les religions monothéistes ou judaïques seules stigmatisent le suicide comme un crime, et manifeste sa haute estime pour les héros de l'antiquité qui le pratiquaient.

Dans la question de la *liberté de la volonté humaine* considérée au point de vue du déterminisme, Schopenhauer se montre aussi tranchant que dans la question de la religion considérée au point de vue de l'athéisme et il ne dédaigne même pas d'indiquer les nombreuses autorités ecclésiastiques favorables au dogme catholique de « l'absence de liberté de la volonté (*Unfreiheit des Willens*) » en elle-même. La volonté est libre seulement comme chose en elle-même, mais non comme phénomène, et les actions humaines qui appartiennent au monde des phénomènes, sont un résultat entièrement nécessaire, et ne proviennent pas d'un choix libre. Schopenhauer a composé, ainsi que nous l'avons déjà dit p. 153, un petit écrit particulier sur la liberté de la volonté qui a été couronné par l'Académie des sciences de Norvége et dans lequel, d'après l'exemple de Kant, il montre la coexistence de la *liberté* et de la *nécessité*. Kant admet en effet une différence entre le caractère dit *empirique* et le caractère dit *intellectuel*, et fait du premier un phénomène et du second une chose en elle-même. Ainsi, selon Kant, il y a nécessité empirique de l'action et, de plus, imputabilité à côté d'une liberté transcendantale. Le premier caractère est soumis comme phénomène aux catégories de temps, d'espace et de causalité ; le second, au contraire, est libre, indépendant de ces catégories et équivalant à l'existence de l'homme en elle-même, ou à ce que Schopenhauer nomme *volonté*. Le fait que le phénomène est soumis à la loi de cause et d'effet, exclut déjà, suivant Schopenhauer, la liberté empirique de la volonté qui pourrait bien, sans cela, constituer une exception de cette loi : la liberté est transcendantale. Il s'agit ainsi, suivant Schopenhauer, de ce que quelqu'un est ; ce qu'il *fait*, en dérive nécessairement : on se sent donc aussi, suivant lui, responsable du *esse*, non du *operari*. Quant au fait que toute cette explication est purement spéculative et arbitraire, il devrait être clair. Une liberté qui ne peut pas être exercée, n'est pas une liberté, et un homme qui ne fait que ce que son existence empirique le force nécessairement de faire, ne peu tpas être considéré comme imputable de ses actions. Mais si, comme Schopenhauer, on transporte la liberté du *faire* (*Thun*) à l'*être* (*Sein*), on ne fait que changer d'expression. Quant à ce qu'on se sente enfin responsable du *esse* et non du *operari*, c'est une supposition entièrement fausse contre laquelle l'expérience proteste. Tous les jours, on peut faire l'expérience du contraire et entendre des hommes qui s'excusent eux-mêmes ou en excusent d'autres pour des actions qu'ils ont commises, en en rejetant la faute sur leur caractère, leurs prédispositions, leur éducation, ou en disant : je suis comme cela, ou bien il est comme cela !

L'*esse* est admis ici avec raison comme étant ce qui se soustrait plus ou moins à la volonté libre, tandis que l'*operari* est considéré comme une conséquence de l'*esse*. La philosophie moderne d'expérience se maintient sur un terrain tout différent, plus ferme et exempt de tous galimatias spéculatif. Elle fait aussi dériver l'*operari* du *esse* et démontre seulement avec l'aide des faits et des calculs empiriques comment le *esse* dérive, comme une conséquence nécessaire, de circonstances précises données, de prédispositions corporelles et intellectuelles, d'influences accidentelles, etc., etc., et comment elle fait passer de là à l'*operari*, cette nécessité d'osciller dans un sens ou dans l'autre entre des limites très-étroites. Mais on ne nie pas ainsi entièrement la liberté du choix et l'on donne l'espérance consolante que des dispositions devenues meilleures des hommes et du genre humain peuvent aussi déterminer un choix meilleur.

Schopenhauer poursuit enfin un de ses courants d'idées les plus importants et les plus intéressants dans l'*éthique* qu'il n'introduit plus, comme Kant, dans la philosophie par une porte de derrière, mais qu'il analyse en partant d'un examen basé sur l'expérience positive. Cet examen est propre à peser d'un poids très-important dans le plateau de la balance du côté de ce sensualisme moderne qui s'appuie sur les sciences naturelles. Celui-là seul qui ne l'a pas même lu, entreprendra de reprocher à Schopenhauer son manque de sensibilité éthique. En effet, non-seulement dans cet examen, mais partout où il en a l'occasion, il fait voir une sensibilité si vraie et si chaude pour les vertus humaines les meilleures, pour la droiture, pour la commisération, pour les misères des autres et pour l'amour du prochain, et une si profonde compassion pour toute espèce de souffrance et de douleur chez les autres qu'on ne peut s'empêcher d'estimer son cœur à un aussi haut degré que son esprit, et de reconnaître l'exactitude de cette ancienne vérité que les qualités les plus éminentes de l'esprit donnent aussi presque toujours la main à une grande richesse de cœur. Ce qui se reflète dans les déclarations de Schopenhauer, ce n'est pas de l'hypocrisie, ni cette sentimentalité superficielle qui est affectée plutôt que sentie par certains écrivains, mais cette profonde douleur du sage qui rejette son regard au fond de l'existence et au sein des dernières profondeurs de la misère humaine ou de la démoralisation humaine. Dans son ouvrage principal, Schopenhauer fait un portrait classique de l'homme qui s'élève par la philosophie au-dessus de l'égoïsme général et qui ne considère pas seulement les souffrances des autres, mais encore les souffrances du monde entier comme les siennes propres. Les calomniateurs ne pourront donc pas le mettre sur le compte du manque de cœur ou de la suppression du sens moral propre, lorsque Schopenhauer, se mettant en contradiction avec Kant, son maître, rejette dans le royaume des contes la soi-disant *loi morale* ou bien la *conscience (Gewissen)*, ou bien les *idées innées du bien* et désigne tout cela comme une « morale bonne pour les écoles d'enfants » (*Kinderschulenmoral*). Chez Kant, le principe *éthique* est, suivant Schopenhauer, transcendantal, indépendant de l'expérience et de l'instruction, métaphysique, et forme par suite une transition qui mène au monde soi-disant intelligible ou à la chose en elle-même. Le soi-disant *impératif catégorique* est le principe de la morale chez Kant : il doit se manifester chez tout homme comme une émanation du dedans avec une force qui le contraigne immédiatement à agir, et *vertueux* (*tugendhaft*) et *raisonnable* (*vernunftig*) doivent avoir la même signification. Quant à ce que cette théorie ancienne et abandonnée s'éloigne beaucoup de la vérité, on l'accordera volontiers à Schopenhauer et on acceptera sa démonstration que le principe de morale de Kant n'est, dans le fond, pas autre chose que l'ancienne morale théologique. Cette faute de Kant a donné occasion aux radotages transcendantaux, partant d'un sens surnaturel inné, qui l'ont suivi, puisqu'on a modifié aussitôt dans ce sens la soi-disant raison pratique de Kant. La raison est, suivant les philosophes radoteurs (Jacobi, etc., etc.), une faculté de percevoir immédiatement le surnaturel, dirigée vers la métaphysique, et reconnaît immédiatement et intuitivement les derniers principes de toutes choses. Tout cela, suivant Schopenhauer et probablement suivant tous ceux qui voudront faire usage de leur sens commun, est un pur non-sens. Il n'existe pas d'intuition de la raison, et c'est pour cela que rien ne peut dériver, comme conséquence, de la raison toute seule. Si cependant il en était ainsi, il devrait y avoir concordance de toutes les idées métaphysiques, tandis qu'elles forment en réalité un assemblage d'opinions tout à fait contradictoires. La *conscience* que, d'après cela, Kant considère comme quelque chose qui a une puissance immédiate, qui est fixe, ne l'est aucunement suivant l'expérience, mais constitue une idée très-indéterminée, variable et dépendant de conditions accidentelles. Sans autorité publique, sans contrainte extérieure, aucune conscience ne servirait à rien. Le « bien n'est nullement absolu : mais il est l'expression de certaines relations puisées dans l'expérience » : ce que l'on désigne sous le nom « d'idée du bien », n'existe pas. Lorsqu'on rencontre les traits caractéristiques de ce que l'on appelle une *bonne conscience*, on rencontre également aussi, par opposition, les traits caractéristiques de la jalousie, de la raillerie, de la méchanceté, etc., etc. Le principal mobile de toutes les actions humaines est, suivant Schopenhauer, l'*égoïsme* et c'est en lui que l'on doit chercher premièrement, dans tous les cas, l'explication d'une action donnée quelconque avant de recourir à d'autres modes d'explication. Partant d'idées de cet ordre, Schopenhauer met alors à nu, sans aucun égard et avec une connaissance profonde de la nature égoïste de l'homme, les défaillances morales et les bassesses de l'homme pris isolément, ainsi que de la société, et trouve ici une occasion suffisante de donner satisfaction à son mépris pour les hommes et aux tendances hypocondriaques de son caractère. On ne peut malheureusement pas affirmer qu'il donne un tableau tout à fait faux lorsqu'il désigne le monde et la société comme étant une *mascarade* dans laquelle chacun veut paraître autrement qu'il n'est, et lorsqu'il met à nu la contradiction criante qui existe entre la morale qui est *enseignée* journellement et celle qui est *pratiquée* journellement. Dans un très grand nombre de cas, la droiture et l'équité ne sont au fond, suivant lui, que conventionnelles ; et s'il n'en est pas toujours ainsi et s'il existe assurément des actions qui partent d'un

amour désintéressé pour le prochain et d'une équité
tout à fait spontanée, ces actions ne dérivent pas d'une
conscience innée, mais elles dérivent uniquement d'un
sentiment de *pitié*. En général, Schopenhauer ne connaît
que trois mobiles fondamentaux des actions humaines : ce
sont l'*intérêt personnel* (*Eigennutz*), la *méchanceté* (*Bösheit*)
et la pitié (*Mitleid*). Les vertus cardinales, la *justice* et la
charité n'ont, suivant lui, leur source que dans la *pitié* qui,
assurément, ne s'appuie sur aucune idée innée, mais qui
vient de ce que l'on se met soi-même intérieurement par
la pensée dans la situation d'un autre qui souffrirait et l'on
fait ce qu'on l'on attendrait et réclamerait soi-même d'un
troisième si l'on était dans une pareille situation. Si Schopenhauer avait voulu être entièrement conséquent, il lui
aurait été facile de pousser plus loin cet ordre d'idées et
de démontrer que la *pitié* n'est finalement rien autre chose
qu'un égoïsme plus raffiné. Mais il ne le fait pas et désigne
la *pitié* comme étant le seul mobile réellement moral, la
seule source d'actions non égoïstes qu'il y ait. Rien ne
révolte plus que l'opposé de la pitié ou l'*inhumanité*. En
opposition avec la pitié se trouve la *méchanceté* (*Bösheit*
qui existe également dans le cœur humain et qui, de
même que la pitié fait le bien, fait de son côté le mal.
Toutes deux ont, suivant Schopenhauer, ce caractère commun qu'elles ne procèdent pas de l'égoïsme, et, d'après
cela, tout ce qui ne dérive pas de l'intérêt personnel, se
fait par *méchanceté* ou par *pitié*. — Explication excellente
malgré les imperfections individuelles, qui s'appuie sur
l'expérience positive et qui fait tomber entièrement les
objections contraires au sensualisme qui ont été déduites
de la conscience innée.

Schopenhauer aura assurément moins de succès à notre
époque avec ses idées paradoxales et devenues un peu

surannées sur la *science du droit* et la *politique*. Il est l'antagoniste de la liberté de la presse, l'antagoniste de la république, l'antagoniste de l'Amérique, l'antagoniste du jury, l'antagoniste de l'émancipation des Juifs, l'antagoniste même des moustaches : il est au contraire partisan du droit d'aînesse, des priviléges, de la noblesse, etc., etc. Il donne une exposition très-fausse des avantages de la monarchie et trouve naturel et convenable le morcellement de l'Allemagne ! Mais tous ne sont pas en état de tout faire, et le lecteur sera peut-être plus satisfait s'il jette un regard sur une citation tirée de Schopenhauer lui-même (dans les « *Parerga und Paralipomena*, vol. II) » d'après laquelle « chacun, même le plus grand génie, est borné d'une manière positive à une sphère quelconque de connaissances » (1).

Sur bien d'autres sujets encore que ceux qui sont indiqués, le lecteur trouve dans Schopenhauer des observations et des indications, tantôt plus, tantôt moins vraies, mais toujours ingénieuses et décélant le travail du génie philosophique : ainsi par exemple sur l'essence ou l'emploi de la raison, sur le jugement ou l'erreur, sur la base

(1) En général, Schopenhauer, comme cela résulte de la relation de sa vie par W. Gwinner (Leipzig, 1862), parue cependant depuis sa mort, était *ennemi* de tout homme politique parce qu'il considérait que c'était se ravaler soi-même que « d'appliquer ses forces intellectuelles à un ordre d'idées si petit et si étroit ». Un tel point de vue est, dans tous les cas, une émanation d'une arrogance d'esprit qui, de son côté, est une conséquence d'une certaine petitesse d'esprit et de cœur. La maxime fondamentale d'un vrai philosophe doit toujours être au contraire la célèbre maxime de Térence : *Nihil humani a me alienum puto*. Dans tous les cas, pour le bien de l'humanité, l'activité politique la plus faible est préférable à l'édification minutieuse d'un système qui, s'il avait la moindre perspective d'être admis généralement, ne pourrait conduire finalement qu'à la perte de tout espoir dans l'existence, ainsi qu'à la résignation des Indiens et à l'engourdissement de la mort.

ou le rapport des sciences humaines entre elles, sur la manière de vivre, l'honneur, la politesse, le duel (dans lesquelles ce dernier subit de sa part une critique vraiment écrasante), enfin sur l'essence de l'art. Ses idées sur la manière de vivre sont souvent, d'une part, fortement empreintes de machiavélisme, mais, d'autre part, elles tendent trop dans le sens de l'homme érudit penchant vers l'isolement et le mépris pour les hommes ; elles indiquent du reste un grand talent d'observation. Ses idées sur l'art sont *idéalistes ;* en effet elles font produire les œuvres d'art par le génie spontanément et par une anticipation intellectuelle, mais non par la réunion de beautés séparées déterminées empiriquement.

Ainsi, autant que nous pouvons nous permettre d'énoncer notre jugement favorable ou défavorable sur Schopenhauer dans son ensemble, nous trouvons en lui dans tous les cas une manifestation toute particulière et pleine d'importance. Placé à la limite de deux grandes époques philosophiques, il indique, d'un côté, le passé et, de l'autre, l'avenir : il est ici idéaliste, là réaliste ; d'un côté, il s'enfonce encore profondément dans les labyrinthes de la pure spéculation, et d'un autre côté, il s'est élevé beaucoup déjà vers cette hauteur lumineuse à laquelle la philosophie, dirigée par l'expérience, va à la rencontre du nouveau but vers lequel elle tend. Mais s'il était même possible à quelqu'un de réussir à démontrer qu'il n'en était pas ainsi et qu'une relation propre avec le développement philosophique de l'époque actuelle manquait à Schopenhauer, le génie de l'homme, sa richesse de pensées et de connaissances, sa singularité comme philosophe, n'en subsisteraient pas moins et devraient suffire pour le recommander à l'attention du public. Nous ajouterons encore qu'on peut bien négliger quelque point contradictoire, quelque point qui répugne, quelque point étrange en dehors de toute règle, ou du moins les trouver plus faciles à expliquer lorsqu'on n'oublie pas que, chez Schopenhauer, cette tendance particulière au *paradoxe* qui se rencontre si souvent chez les esprits supérieurs, est tout à fait forte. Schopenhauer est assez naïf pour l'avouer lui-même. « Souvent », dit-il, j'ai retrouvé ultérieurement, avec un étonnement plein de joie, dans les œuvres anciennes des grands hommes des propositions que je ne portais devant le public qu'en hésitant parce qu'elles contenaient des paradoxes. » Le génie possède une tendance vers le paradoxe, parce qu'il ne peut résister à l'envie d'essayer de défendre à l'aide des moyens extraordinaires dont il dispose, des propositions qui paraissent insoutenables à l'aide du sens commun. Cette tendance a son bon côté, en ce qu'elle conduit facilement à la découverte de vérités nouvelles ou à l'éclaircissement de vérités anciennes en partant de nouveaux points de vue ; mais, poussée trop loin, elle présente de l'inconvénient dans les questions scientifiques et rend finalement impossible toute pensée régulière. La conjecture que Schopenhauer a été précisément conduit, par sa grande propension au paradoxe, à émettre son assertion fondamentale du monde considéré comme volonté et comme image représentative, ne s'éloigne peut-être pas trop de la vérité. La *manière d'écrire* de Schopenhauer ne mérite pas moins d'être blâmée et ne rend pas moins difficile la lecture de ses ouvrages. En outre, il suit l'ancienne manière, si désagréable, de la plupart des écrivains qui se sont occupés de philosophie, manière qui consiste à ne pas persister dans un sujet une fois qu'on a commencé à s'en occuper, mais, après s'être engagé dans une pensée, à passer de suite à cent et mille autres et à parler de tout, excepté de ce dont il doit être précisément question. Cette manière insupportable d'écrire rend souvent impossible toute conception claire de ce que l'écrivain veut dire réellement. Une tête entièrement lucide et entièrement conséquente cherche toujours au contraire autant que possible à établir des séparations et des distinctions, et après avoir resserré une idée dans un champ aussi petit que possible, elle ne l'abandonne pas avant de l'avoir épuisée le plus possible ou de l'avoir éclaircie.

Pour celui qui ne veut pas connaître Schopenhauer au point de vue systématique, mais qui veut le connaître seulement à un point de vue général, on doit lui recommander la lecture de son écrit paru sous le titre de « *Parerga und Paralipomena* ». Il s'y étend sur beaucoup de sujets différents et, dans la plupart des cas, intéressants, et comme Schopenhauer aime beaucoup à se répéter, celui qui connaît déjà les principes fondamentaux de son système, sera même en état de composer, à l'aide de ce livre, un tableau assez complet de sa philosophie. Dans tous les cas, il y trouvera tant de choses intéressantes et ingénieuses qu'il ne regrettera pas le temps qu'il a employé à la lecture de cet ouvrage. Celui enfin qui n'a pas même lu Schopenhauer, pourra, à l'aide d'explications du genre de celles que nous venons de donner, se faire une idée de ses opinions, mais non de son individualité toute particulière. Cette individualité est du reste reliée à sa philosophie de telle manière que, pour pouvoir la juger d'une manière entièrement exacte, il est nécessaire de le lire lui-même. Aucune personne, s'intéressant à Schopenhauer, ne doit croire notamment qu'elle peut se contenter d'explications semblables à celles qui nous ont été fournies par Frauenstädt (1) !

(1) Les œuvres de Schopenhauer sont les suivantes :

1° *Ueber die vierfache Wurzel des Satzes vom zureichenden Grunde.* (Sur la quadruple racine de la raison suffisante), 2ᵉ édition, 1847, 1ʳᵉ édition, 1823.

2° *Die Welt als Wille und Vorstellung.* (Le monde considéré comme volonté et comme image représentative), 2 vol. Leipzig, 2ᵉ édition, 1844, 1ʳᵉ édition, 1819.

3° *Ueber den Willen in der Natur* (Sur la volonté dans la nature). Francfort-sur-le-Mein, 1836.

4° *Die beiden Grundprobleme der Ethik* (Les deux problèmes fondamentaux de l'éthique). Francfort-sur-le-Mein, 1741, 2ᵉ édition, 1847.

5° *Parerga und Paralipomena,* 2 vol. Berlin, 1851.

6° *Balthazar Gracian's Hand-Orakel und Kunst der Weltklugheit.* (Chiromancie et art de la sagesse universelle de Balthazar Gracian), traduit de l'original espagnol, par Arthur Schopenhauer, manuscrit posthume. Leipzig, 1862.

7° *Ueber das Sehen und die Farben* (Sur la vision et les couleurs). Leipzig, 1716.

ÉCRITS SUR SCHOPENHAUER.

W. Gwinner, *Lebensbeschreibung Schopenhauer's* (Vie de Schopenhauer, Leipzig, 1862).

Frauenstädt, *A. Schopenhauer : Lichtstrahlen aus seinen Werken Mit einer Biographie und Charakteristik Schopenhauer's* (A. Schopenhauer, Rayons de lumière émanant de ses œuvres, avec une biographie et un examen de l'esprit caractéristique de Schopenhauer). Leipzig, 1862.

Frauenstädt, *Briefe ueber die Schopenhauer'sche Philosophie* (Lettres sur la philosophie de Schopenhauer, Leipzig, 1854).

W. Nagel, *Bemerkungen über Schopenhauer's philosophisches System* (Observations sur le système philosophique de Schopenhauer), etc. Brême, 1861.

A. Cornill, *A. Schopenhauer als Uebergangsform von einer idealistichen in eine realistische Denkweise* (A. Schopenhauer considéré comme forme de transition d'une philosophie idéaliste à une philosophie réaliste). Brême.

Suhle, *A. Schopenhauer und die philosophie der Gegenwart*, etc. (A. Schopenhauer et la philosophie de l'époque actuelle). Berlin, 1862; et beaucoup d'autres ouvrages.

A. Foucher de Careil, *Hegel et Schopenhauer*, études sur la philosophie allemande moderne, depuis Kant jusqu'à nos jours. Paris, 1862.

(*Note du traducteur.*)

X

SUR L'HISTOIRE NATURELLE DE L'HOMME

I

(Dr Theodor Waitz : « *Anthropologie der Naturvölker. Erster Theil : Ueber die Einheit des Menschengeschlechts und den Naturzustand des Menschen;* Anthropologie des peuples dans l'état de nature. Première partie : Sur l'unité de la race humaine et de l'état naturel de l'homme. » Leipzig, 1859. Fleischer.)

(1859)

Un ouvrage excellent, portant témoignage d'une rare persévérance de recherches, dans lequel l'auteur, professeur de philosophie à Marbourg, bien connu par des écrits antérieurs relatifs à la psychologie et à la pédagogie, cherche à édifier une anthropologie, ou étude de l'homme, sur des bases *empiriques* ou *expérimentales*, entreprise assurément digne d'être remarquée à une époque où l'on s'efforce avec tant d'ardeur d'obtenir en philosophie des connaissances qui soient conformes aux données de l'expérience et où l'on dirige de préférence ses regards sur l'essence de l'homme lui-même. C'est assurément avec raison que l'auteur pense que les sciences qui se sont occupées surtout de cette branche de nos connaissances, c'est-à-dire l'*anatomie* et la *physiologie*, ne sont pas, à *elles seules*, en état de déterminer l'essence de l'homme et qu'il est besoin, pour y arriver, du secours ultérieur de la philosophie : mais on doit pourtant regretter qu'il ait pris son propre point de vue plutôt dans le domaine de la philosophie spéculative que dans celui des sciences empiriques. Bien que ses efforts présentent une direction purement empirique et tendent à l'acquisition de faits positifs et méritent par suite doublement d'être constatés chez un philosophe, Waitz considère cependant, tant au point de vue général qu'au point de vue individuel, l'homme toujours plutôt avec les yeux du philosophe qu'avec ceux du naturaliste, et cherche plutôt dans les faits la confirmation d'une opinion déjà toute faite que la réalité sans aucun déguisement. Cette opinion se rapporte à ce que Waitz appelle l'*unité* ou l'*unité spécifique* du genre humain et est basée sur cette proposition préliminaire admise au point de vue philosophique, mais non au point de vue empirique, qu'*il existe une essence générale et immuable de l'homme* qui doit servir de base fondamentale à toutes les recherches d'anthropologie. Cette essence exclut, suivant Waitz, la possibilité de l'existence d'une différence dite *spécifique* entre les hommes et entraîne avec elle cette conséquence que, pour tous les hommes, la pensée doit être astreinte aux mêmes lois et qu'il doit exister chez tous les hommes une même aptitude au développement moral et intellectuel. Bien que, naturellement, l'auteur se soit efforcé autant que possible de faire accorder avec sa théorie ce que les sciences empiriques ont mis en lumière sur la nature et la formation de l'homme, sur sa destination au point de vue de l'histoire naturelle et de la psychologie, ainsi que les rapports nombreux des voyageurs, il n'a cependant pas réussi à y arriver dans tous les cas, et le matériel empirique qu'il a même produit, est souvent tellement en opposition avec ses idées que, ou bien il est forcé de s'engager dans des demi-contradictions, ou même dans de pleines contradictions, ou de formuler, dans la conclusion d'une explication détachée, le résultat d'une manière bien moins nette qu'il ne l'avait fait dans le commencement du livre ou dans l'introduction, ou enfin de le laisser entièrement dans le doute. Ainsi, après avoir achevé l'*introduction*, il s'efforce tout d'abord, sans obtenir aucun résultat, de poser en fait une conception empirique qui est connue pour être l'éternelle pierre d'achoppement du naturaliste et dont il doit être considéré naturellement comme indispensable d'établir la formule exacte pour *sa* manière de comprendre les choses, bien que cela soit impossible. En effet celui qui veut démontrer l'*unité spécifique* de l'homme, doit pouvoir dire, avant tout, ce que l'on doit comprendre sous la désignation d'*espèce*. Mais la nature qui est éternellement vivante et qui se moque de toute délimitation et de toute subdivision, ne demande rien, ainsi qu'on le sait bien, aux définitions d'idées de la philosophie, et la nouvelle définition de l'idée d'espèce que Waitz ajoute aux nombreuses tentatives de définition qui ont été faites antérieurement et qui sont actuellement sans effet, ne rend pas la chose meilleure. Waitz définit l'*espèce* comme étant un « type permanent qui se transmet héréditairement par voie de génération » ; mais le simple fait de demander ce que c'est qu'un « type permanent », rend la définition sans valeur. Waitz ne réussit pas davantage à établir d'une manière fixe la distinction entre l'*espèce* et la *race*, de sorte que, à la fin d'un examen de l'idée d'espèce qui témoigne de connaissances très-étendues, il se voit même forcé de laisser *provisoirement* sans réponse la question de l'unité d'espèce de l'homme.

Dans le cours ultérieur de son œuvre, Waitz nous fait du reste connaître une telle abondance de faits, relatifs à l'histoire naturelle de l'homme, qui sont vraiment importants, vraiment intéressants, et qui ont été ramassés de la manière la plus laborieuse, et touche en même temps à un si grand nombre des questions, relatives à l'origine et à l'essence de l'homme, qui sont discutées actuellement de la manière la plus vive et qui sont d'une haute importance, que, même sans adopter toujours ses opinions philosophiques, on est forcé de suivre avec le plus grand intérêt ses explications et ses récits, et qu'une courte esquisse critique de ces explications et de ces récits doit assurément pouvoir compter sur l'approbation du lecteur instruit. En essayant de donner une telle esquisse dans ce qui suit, nous aurons l'occasion de faire ressortir encore clairement comment l'histoire naturelle et la philosophie, en partant de leurs points de vue actuels, tantôt se rencontrent sur une quantité de questions générales très-importantes, tantôt se séparent de la manière la plus profonde, et comment, parmi les gens instruits, il peut exister encore à peine un doute sur la nécessité de sortir enfin un jour de la demi-obscurité actuelle pour atteindre à la lumière et à la clarté.

L'auteur divise son travail entier en deux grandes parties, en une étude de l'homme faite au point de vue de *l'histoire naturelle* et en une étude de l'homme faite au point de vue de la *psychologie*, dont l'une envisage l'homme au point de vue *corporel* et l'autre au point de vue *intellectuel*. Si Waitz, en tant que philosophe, ne pénètre pas suffisamment que ces deux manières d'envisager l'homme se tiennnent l'une par rapport à l'autre dans une liaison intime et nécessaire et que, par suite, un examen ainsi séparé de ces deux manières d'envisager l'homme présente ses dangers, on peut cependant, à son point de vue, considérer cette subdivision comme étant pratique. Dans l'étude faite au point de vue de *l'histoire naturelle*, Waitz s'occupe d'abord des influences extérieures qui exercent sur les hommes une action caractéristique et transformatrice, comme le climat, la nourriture, l'instruction, etc., et leur concède une influence sur l'organisation corporelle et intellectuelle presque encore plus étendue que l'école matérialiste n'a, en thèse générale, l'habitude de le faire. L'Anglais s'est, suivant Waitz, transformé en Amérique en un type entièrement différent, le *Yankee*. Des hommes qui vivent longtemps au milieu de populations et de races étrangères, acquièrent peu à peu de la ressemblance avec ces populations et ces races, comme on l'a observé notamment sur le missionnaire bien connu, Gützlaff. Dans la société de l'Européen, le nègre prend non-seulement une forme plus gracieuse, mais il devient encore plus sensé, et il est connu que les nègres, nés en Amérique, les soi-disant *Nègres-Créoles*, possèdent des aptitudes bien meilleures que ceux que l'on a pris à l'état sauvage et doivent par suite aussi être payés plus cher (1). Les influences de la civilisation, en se modifiant, ont fait subir aux Allemands, aux Hongrois et aux Turcs, les transformations les plus marquées. La différence individuelle dans la conformation du crâne augmente même, suivant Waitz, avec la civilisation, et il considère, comme se trouvant confirmée par ses recherches, l'assertion si souvent émise que la forme du crâne dépend en partie du degré de la culture de l'esprit, et se modifie et s'améliore avec elle. Ce fait est encore dépassé en importance et en intérêt par un second : ce dernier qui se rattache au premier et dont la haute valeur physiologique a été reconnue avec exactitude

---

(1) Reclus dit qu'en cent cinquante ans, les nègres ont franchi, en Amérique, un bon quart de la distance qui les sépare des blancs. — Les Anglais, en *Australie*, ainsi que cela est notoire, se sont transformés en un type tout particulier, bien reconnaissable.

(*Remarques de l'auteur.*)

par Waitz, laisse tomber une lumière très-vive sur l'histoire de la civilisation et des progrès de l'humanité. C'est la *production spontanée*, observée aussi bien chez l'homme que chez l'animal, *de nouvelles particularités*, de nature non-seulement corporelle, mais aussi intellectuelle, qui, une fois qu'elles se sont produites, se transmettent d'une manière continue aux descendants par voie d'hérédité. Ces particularités peuvent être aussi bien *innées* chez l'individu que *se produire* par hasard ou à dessein pendant la vie. Des mutilations extérieures peuvent même quelquefois se transmettre d'une manière durable aux descendants. Les descendants de bœufs de labour tirent mieux que des bœufs sauvages, comme en général, les jeunes animaux, descendant d'animaux éduqués ou dressés, dépassent beaucoup d'animaux sauvages par leur docilité. Il y a des instincts acquis comme il y a des maladies héréditaires. De ces faits et d'un grand nombre d'autres, on a conclu que la conformation intellectuelle acquise, en tant qu'elle concerne les *aptitudes*, est aussi bien en état d'être transmise par hérédité que la conformation corporelle. L'histoire de familles entières montre que des talents de mécanicien ou d'artiste, ou bien une prédisposition à certains modes d'occupations, etc., etc., ont pu se transmettre par héritage, et, par la même raison, la noblesse de l'aristocratie n'est pas sans posséder une base physiologique. De tout cela, Waitz conclut que les types isolés de la race humaine ne sont pas partout immuablement les mêmes et que l'on ne peut discuter que sur les limites de cette transformation. La puissance de la culture de l'esprit paraît surtout ici exercer une influence très-considérable.

Waitz passe ensuite à la description des *différences anatomiques et physiologiques qui existent entre les différents types d'hommes considérés isolément ;* et il cherche naturellement, pour venir au secours de sa thèse sur l'unité spécifique du genre humain, à représenter, aussi peu que possible, ces différences comme *spécifiques.* Mais si, d'une part, il fait apparaître ces différences aussi peu que possible, il fait ressortir avec d'autant plus d'insistance celles qui, dans son opinion, séparent l'homme du représentant du règne animal qui vient immédiatement après lui ou du *singe.* Les relations d'hommes semblables à des singes qui sont en très-grand nombre et suffisamment authentiques, et en faveur desquelles tout récemment « miss Pastrana » a fourni seulement une confirmation visible pour tout le monde, doivent être fausses (1) ; et les célèbres ethnographes américains, Nott et Gliddon qui, s'appuyant, comme on le sait, sur des recherches et des observations qui leur sont propres, affirment dans leurs écrits que le *Hottentôt* et le *Boschiman* ne sont pas plus éloignés du *singe* que de l'*Européen*, doivent s'être rendus coupables d'une « exagération impudente » ! Le désavantage du philosophe qui ne puise que dans les opinions et les descriptions des autres, en opposition avec ceux qui parlent de leurs propres recherches et de leurs propres observations, est, en

(1) En 1857, on a montré à Londres une monstruosité humaine, Julie Pastrana, dont le corps présentait une conformation entièrement semblable à celle d'un animal ; son corps, ainsi que sa face, étaient couverts de longs poils noirs ; son front était étroit, bas ; ses lèvres bouffies, ses dents grosses, son menton court.—Une femme, entièrement couverte de poils, avait été montrée à l'ambassade anglaise, à *Ava*, en 1855, et il avait été observé que les singularités naturelles de ce genre n'étaient pas rares dans l'empire des Birmans. On peut aussi lire les rapports des voyageurs sur les Nègres de l'est de l'Afrique, sur les Malais de Java, sur les habitants des forêts du Brésil ou Botocudos (Avé-Lallemand), sur les sauvages des Indes, sur les Indiens de l'Amérique, sur les premiers habitants de Sumatra, de la Nouvelle-Hollande, des Philippines et de Bornéo, etc., etc. (*Remarque de l'auteur.*)

de pareilles questions, trop grand pour que la déclaration passionnée de M. Waitz puisse enlever aux opinions de MM. Nott et Gliddon quelque chose de leur valeur. Il doit d'autant moins en être ainsi que M. Waitz, dans le cours même de ses explications, est forcé de convenir de la ressemblance notoire du nègre avec le singe, tout en expliquant, malgré cela, que la différence qui existe entre le nègre et le singe est plus grande que celle qui existe entre le nègre et l'Européen, et ne peut lui être comparée. Pour voir exactement ce qu'il en est, on doit se rappeler les excellentes descriptions de Burmeister qui, zoologiste lui-même et portant un nom estimé dans la science, sans se laisser influencer par l'intérêt de l'esclavage, appuie également son dire sur ses propres observations. Du reste cent autres observations de témoins oculaires, faites dans le même sens, peuvent être mises à côté des descriptions de Burmeister (1). Waitz au contraire donne fréquemment pour point d'appui à ses opinions des relations de toute nature qui ne présentent aucune garantie, sans en faire un choix appuyé sur une critique judicieuse, et étouffe souvent sous la masse des matériaux plutôt qu'il n'est soulevé par eux. Cependant, en s'appuyant sur tous les faits qu'il a allégués, il ne peut encore arriver ici à aucune autre conclusion qu'à celle que ces faits sont plus favorables à l'*unité d'espèce* de l'homme qu'à sa *variation d'espèce*. Mais sa théorie philosophique n'a pas beaucoup obtenu ainsi.

Un appendice à ce chapitre discute la soi-disant incapacité de vivre des *Américains*, des *Polynésiens* et des

---

(1) Tout récemment, à la réunion des naturalistes de la Grande-Bretagne, à Oxford, en 1860, le professeur Huxley a expliqué, en contradiction avec l'opinion d'Owen, que la distance physiologique qui existe entre l'homme et le gorille est beaucoup plus petite que celle qui existe entre le gorille et les derniers des singes. (*Remarque de l'auteur.*)

Australiens, et explique la fausseté de cette idée, qui s'appuie assurément sur des faits trop particuliers, que la simple approche de la civilisation suffit pour les mener au-devant de la mort.

Un chapitre ultérieur qui vient se joindre au premier, traite du thème très-intéressant du *croisement* ou du *mélange des races*, et des *métis* (*Mischlinge*). Dans le mélange des différentes races, l'influence du père prédomine ordinairement ; cependant il n'en est pas *toujours* ainsi. Les métis des différentes espèces d'hommes ne sont pas non plus tous soumis aux mêmes lois : on rencontre même quelquefois des phénomènes tout à fait anormaux. Des peuples entiers paraissent provenir d'un mélange originaire de différentes espèces, ou être des *peuples de métis*. En outre, certains types isolés de l'espèce humaine se maintiennent avec bien plus de ténacité que d'autres : tels sont les *Mongols* par exemple. L'observation importante et connue seulement tout récemment, relative à l'influence qu'une fécondation antérieure d'une mère, appartenant à une espèce d'animal ou d'homme, exerce sur une fécondation ultérieure produite par un second père, trouve en outre ici une mention méritée qui témoigne des connaissances profondes de l'auteur. Une jument de l'espèce cheval, saillie par un étalon de l'espèce âne, donne toujours, comme produits ultérieurs de sa fécondation par un étalon de l'espèce cheval, des poulains qui présentent quelque chose de l'âne, et des phénomènes analogues ont été observés sur des porcs, des chiens, etc., etc. Une négresse qui a donné une fois un enfant avec un blanc, produit ultérieurement, même avec des nègres, des enfants qui portent en eux quelque chose du type des blancs (1)

---

(1) Une négresse qui a produit une fois un enfant (un *mulâtre*) avec

et réciproquement. De même des prédispositions morbides ou autres peuvent passer d'un *premier* père aux enfants d'un second père qui les produit avec la même mère. En général, on peut admettre que, par le croisement des différentes races du type inférieur avec le type supérieur, il se produit une amélioration de l'individu isolé, bien qu'il ne manque pas non plus de faits qui viennent contredire cette assertion.. Par un croisement continué indéfiniment au contraire, la règle est qu'il ne se forme pas de populations de métis, mais que la nature cherche à revenir peu à peu à la conformation de l'une ou de l'autre des deux races. En ce qui concerne le caractère des populations métisses, Waitz, bien que cette observation soit très-défavorable à sa théorie, est obligé de reconnaître qu'il est en général mauvais et que les métis héritent des *vices* et non des *vertus* de leurs ascendants. La mauvaise influence de la population métisse dans les États libres du Centre-Amérique qui empêche ces populations d'atteindre à un développement conforme aux lois de la nature, est bien connue. Waitz ne veut cependant pas reconnaître à ces faits toute leur valeur et cherche d'une manière indigne à rendre suspects les savants qui, comme Nott et Gliddon, défendent des idées opposées aux siennes, en les accusant d'écrire ainsi par considération pour l'esclavage. Une telle manière d'opérer est assurément commode lorsqu'on ne veut pas donner satisfaction aux réfutations de ses antagonistes et a été pratiquée trop fréquemment dans ces derniers temps, bien que ce ne soit pas assurément dans les

---

un blanc, produit ultérieurement, par son accouplement avec des *blancs*, des enfants qui deviennent toujours d'un teint de plus en plus clair, et ressemblent de plus en plus à leur père et, par son accouplement avec des *noirs*, des enfants qui ne sont plus jamais entièrement noirs, mais qui sont *bruns*. (*Remarque de l'auteur.*)

discussions scientifiques. Nott considère les métis comme ne présentant pas une grande capacité de vie au point de vue de la durée et s'appuie, dans cette opinion, sur des faits notoires, en ce qui concerne le croisement de races très-hétérogènes. Tout individu qui a vécu en Amérique et qui s'est renseigné sur cet ordre de faits, sait que les mulâtres de race *germanique* meurent à la quatrième ou à la cinquième génération sans laisser d'enfants, à moins qu'il n'y ait apport de sang frais de races non croisées, et que les mulâtres de race *romaine* jouissent seules d'une vie d'une durée plus longue et constante sous certaines conditions. Pour prouver cette dernière observation, Waitz ne peut aussi rappeler, à l'appui de son opinion, que ce qui se passe dans certains pays qui, comme le Brésil, se trouvent sous la zone torride, et ont été peuplés par des populations de race *romaine* (1). En présence de

(1) Le *Portugais* est celui qui montre le moins d'éloignement à se mélanger avec du sang africain; c'est par cette raison qu'au Brésil, les trois quarts de la population libre sont constitués par des métis à tous les degrés, et assurément cela n'est pas avantageux pour le pays, parce que cette race de nouvelle formation, outre l'orgueil d'une race descencendant des blancs, ne connaît que la paresse, la volupté et la lâcheté. Les Anglo-Saxons et les Américains, au contraire, paraissent constituer une opposition naturelle avec les nations d'une couleur plus foncée : en effet, ils ne sont pas susceptibles de produire avec elles une descendance qui puisse donner des rejetons d'une manière durable. Les mulâtres du *nord de l'Amérique* ont rarement des enfants, et lorsqu'ils en ont, ils meurent sans enfants à la troisième ou quatrième génération. En outre, ils sont plus faibles que les nègres, et ne se maintiennent qu'à la *moitié* du prix de ces derniers. Les quarterons sont blêmes, maladifs, très-faibles ; les quinterons sont très-rares et redeviennent complétement blancs. Dans les Indes occidentales, les mulâtresses et les métisses sont considérées, en général, comme stériles (infécondes), et les mulâtres purs, en se croisant avec des mulâtres purs, doivent perdre toute tendance à la fécondité. Au *Canada*, Kohl a vu sortir un très-mauvais résultat du croisement de Français avec des Indiens qui se présente cependant très-

telles circonstances, les opinions sont naturellement très-partagées sur l'*utilité* du mélange des races. Quelques-uns y voient un moyen d'amélioration, d'autres une cause de détérioration. Waitz, ainsi que cela se comprend de soi-même, penche pour la première opinion : cependant, considérée comme expression d'une loi générale, elle paraît manifestement fausse, et les mélanges de races très-hétérogènes doivent être considérés comme aussi pernicieux que ceux qui ont lieu entre parents consanguins très-rapprochés. En somme, Waitz prétend être sûr que la preuve de la différence spécifique de la souche principale de l'humanité peut être considérée comme ayant perdu toute sa force par les observations relatives au mélange des races, et cette prétention est certainement sans motif suffisant.

En ce qui concerne l'*âge* et l'*origine* du genre humain, Waitz a beaucoup trop appris par ses études pour ne pas s'écarter sur ce point avec netteté des opinions banales du plus grand nombre et pour ne pas s'associer aux idées générales de l'étude empirique de la nature. Avant tout, il assigne à la présence du genre humain sur la terre un âge très-élevé et qui dépasse de beaucoup les temps soi-disant *historiques*, bien que les indications qui ont été données récemment à plusieurs reprises sur la découverte d'ossements humains fossiles (1), doivent provisoirement,

fréquemment. Les mélanges de sang indien et de sang français (les soi-disant *métis*), sont assurément tout à fait bons à la première génération, mais ils meurent sans enfants à la seconde ou à la troisième génération. Les *iambos* ou métis de nègres et d'indiens sont d'une laideur repoussante. (*Remarque de l'auteur.*)

(1) Des inventions et des découvertes toujours plus nouvelles viennent donner assurément à ces indications des points d'appui toujours plus grands et rejettent à des époques toujours plus éloignées la date de l'apparition du genre humain sur la terre. On sait que Cuvier, ce grand savant, niait d'une manière très-positive l'existence d'ossements humains

dans son opinion, être révoquées en doute. Du reste en ce fossiles ou pétrifiés, et repoussait pour longtemps toute contradiction sérieuse par son autorité considérable. Dans le fait, on avait pris autrefois pour des ossements humains beaucoup d'ossements qui ont été démontrés plus tard être des ossements d'animaux. D'autre part, la circonstance qu'on a trouvé souvent de véritables ossements humains dans des cavernes avec des ossements d'espèces animales de temps antérieurs qui sont éteintes, pouvait être considérée comme accidentelle, bien que les autres circonstances ne fussent pas toujours d'accord avec une pareille explication. Ainsi, les ossements humains trouvés par Lund dans une caverne de carbonate de chaux du Brésil, simultanément avec des os d'animaux des temps primitifs, portaient en partie tous les signes caractéristiques de la fossilité, et sir Charles Lyell, dans un discours qu'il a lu à la section géologique de la réunion de l'association britannique à Aberdeen, le 15 septembre 1859, indique un certain nombre d'ossements humains qu'Aymard a trouvés en 1844, enfermés dans une brêche volcanique aux environs du Puy en Velay (France centrale), et qui ont été déclarés fossiles par la plupart des géologues. Plus tard le docteur Schottin a trouvé dans des crevasses existant dans le gypse, à Köstritz, sur l'Elster, plusieurs ossements humains très-bien conservés et indubitablement fossiles, entremêlés avec des ossements d'animaux également incrustés dans la pierre calcaire, et c'est tout à fait de l'époque la plus récente (1857) que date la découverte excessivement intéressante que le docteur Fuhlrott a faite dans une grotte existant dans le roc, dans la vallée de Düssel (dans la partie de cette vallée qui a été appelée le Neanderthal, entre Düsseldorf et Elberfeld), et qui consistait en un squelette humain qui se trouvait au degré le plus arrêté du développement de l'homme, et qui a été reconnu fossile en 1860 par Charles Lyell. Enfin, Lartet (*Comptes rendus*, 1860) assure avoir trouvé sur des ossements d'animaux d'espèces éteintes (comme le cerf gigantesque (*Megaceros hibernicus*), le rhinocéros, l'aurochs, l'antilope), des traces et des signes bien nets de blessures faites par des instruments tranchants, ainsi que des tentatives de façonnement, et l'on affirme avoir fait déjà antérieurement des observations analogues en Suède et en Islande sur les restes d'un *bos priscus*, et d'un cerf gigantesque dont une côte paraissait comme perforée par un instrument tranchant et laissait observer en même temps une soi-disant production de cal. De nombreuses découvertes analogues d'époques antérieures, et aussi de l'époque la plus récente que l'on avait cru devoir considérer comme douteuses, notamment des découvertes de dents humaines, ont acquis naturellement dans de telles

qui concerne la question de savoir si, dans des temps an-

circonstances, une valeur plus grande et toute différente, d'autant plus que la fameuse découverte d'instruments en silex qui a été faite récemment dans le nord de la France, a paru prétendre écarter tous les doutes relativement à la haute antiquité du genre humain. Dès 1797, on avait trouvé à Hoxne, dans le comté de Suffolk (Angleterre), des pierres taillées dans une couche de gravier non-remanié, simultanément avec des coquilles d'eau douce et des ossements d'animaux inconnus, dans une couche de terre qui s'était déposée avant que la surface de la terre eût pris sa forme actuelle, sans que l'on ait attaché une valeur plus grande à cette découverte. Après que les découvertes faites en France eurent été connues, Prestwich se rendit à Hoxne, et put encore se procurer sur place deux hachettes de pierre extraites de cette localité ; des quantités d'objets façonnés pareils doivent avoir été trouvés antérieurement dans cette localité. En 1847, Boucher de Perthes a communiqué au public la découverte qu'il a faite dans la vallée de la Somme entre Amiens et Abbeville ; le résultat de sa découverte était qu'il avait trouvé des instruments de pierre (hachettes de silex) façonnés par la main des hommes, entremêlés avec des ossements d'animaux des temps primitifs, dans des lits de gravier non remaniés appartenant au soi-disant diluvium. Cependant Boucher de Perthes n'avait pas pu faire admettre sa découverte en face de la prévention générale jusqu'à ce que, en 1859, A. Gaudry et un Anglais, Prestwich, qui était venu positivement d'Angleterre exprès pour examiner les faits, aient admis leur exactitude. Tous deux et, après eux, beaucoup d'autres ont confirmé par leurs propres observations tout ce que Boucher de Perthes avait trouvé et ont conclu que l'homme avait dû être contemporain du rhinocéros, de l'hippopotame, de l'éléphant et du cerf gigantesque des temps primitifs. Il a été aussi établi d'une manière bien nette qu'au-dessus de la couche-mère du diluvium dans laquelle les hachettes de silex ont été trouvées simultanément avec les ossements des animaux des temps primitifs, il existe encore trois autres couches stratifiées dont la supérieure a été reconnue contenir des tombes romaines bien conservées,— en sorte que, entre l'époque de l'établissement de ces tombes et l'époque de la fabrication de ces instruments de pierre, il a pu s'écouler deux grands entr'actes géologiques. Le nombre des instruments de silex trouvés du reste sur une distance d'environ 15 milles anglais, dans des recherches ultérieures, doit se monter maintenant à des milliers. Le célèbre géologue anglais Lyell s'est rendu aussi dans la localité et paraît s'être convaincu de l'exactitude des indications précédentes. Il pense qu'une race d'hommes sauvages (du soi-disant âge de pierre de

térieurs, il a existé un genre humain plus ancien, présen-

l'humanité) a dû habiter il y a longtemps cette contrée, et que les instruments qui ont été trouvés, sont très-anciens comparativement aux temps de l'histoire et des traditions. La réunion des naturalistes de la Grande-Bretagne à Oxford, en 1860, a déclaré que les instruments de silex retirés des fouilles faites par Boucher de Perthes, lui paraissaient avoir été indubitablement façonnés de la main des hommes, qu'ils avaient été recouverts par des couches de dépôts tertiaires et que la production de cette superposition de couches avait dû exiger une période de temps qui ne pouvait nullement être comparée avec la chronologie historique. Du reste, Noulet (*Mémoires de l'Académie de Toulouse*) a aussi trouvé dans les couches de gravier, inférieures à l'argile, à Infernet, près de Toulouse, des fers de lance de pierre, polis, de forme triangulaire, simultanément avec des ossements d'*Ursus spelœus*, d'*Elephas primigenius* et d'autres animaux d'espèces éteintes, et Ed. Colomb (*Bibl. univers., Arch.*, 1860) s'appuyant sur les découvertes faites en France, se prononce pour l'existence de l'homme antérieurement aux anciens glaciers des Vosges. En outre, suivant Bronn, on a trouvé, dans ces derniers temps, des restes humains fossiles simultanément avec ces animaux diluviens dans des circonstances qui permettent à peine de douter que l'homme ait vécu à la même époque que ces espèces animales. Bronn évalue en même temps à 158 400 ans l'antiquité de la soi-disant période d'alluvion ou de la dernière période de formation de la terre qui a suivi immédiatement le déluge, et dans laquelle nous nous trouvons encore actuellement, au lieu de l'hypothèse de 100 000 ans admise jusqu'ici en se basant sur les découvertes d'arbres fossiles faites dans la Louisiane. Si l'on veut cependant que l'application d'un tel calcul à l'antiquité de ces instruments de silex et, par suite, du genre humain lui-même, ne soit pas convenable, parce qu'une délimitation rigoureuse entre l'alluvium et le diluvium n'existe pas, et que l'existence des animaux indiqués et considérés jusqu'ici comme primitifs, s'étend peut-être jusqu'à une époque plus récente qu'on ne le croyait jusqu'ici, les antagonistes eux-mêmes de cette opinion (par exemple Nöggerath, dans le discours qu'il a lu à la *naturhistor. Verein der preuss. Rheinlande und Westfalen*, dans la séance des 20-22 mai 1861), doivent cependant reconnaître que l'homme est indubitablement beaucoup plus ancien que son histoire. Tel est le sens en faveur duquel se prononcent aussi un assez grand nombre de découvertes géologiques qui, sans conclure dans le sens indiqué, démontrent cependant d'une manière tout à fait directe que l'existence du genre humain remonte à une très-haute antiquité en comparaison des temps historiques. « Des ossements hu-

tant une organisation analogue à celle des singes, Waitz

mains et des instruments fabriqués de main d'homme », dit le géologue Volger « se trouvent dans des couches du sol, dont la formation, suivant les calculs les plus modérés, remonte à cinquante mille années et plus. » Ainsi, pour n'indiquer que ce qui est le plus connu, on a découvert, à 30 pieds au-dessous de la couche de limon du Nil, des instruments qui font remonter la civilisation égyptienne à 17 000 ans avant notre ère. Le comte de Pourtalès a trouvé des portions de squelette humain dans un conglomérat calcaire du rivage de la mer de Monroë en Floride, dont Agassiz évalue l'antiquité à au moins dix mille ans et plus. Dans le delta du Mississippi, on a trouvé en creusant pour établir les fondations de l'usine à gaz de New-Orleans, au-dessous de six couches différentes de terrains, des crânes et des ossements humains de race américaine dont l'âge doit être évalué à 57 600 ans. Ces découvertes s'augmenteront assurément encore considérablement par de nouvelles fouilles. Ainsi, par suite d'une indication de M. G. Zimmermann, il a été fait tout récemment, dans les travaux du chemin de fer à Villeneuve, sur le lac de Genève, des découvertes qui font remonter à dix mille ans l'antiquité des hommes qui ont vécu autrefois dans ce pays ; appréciation qui, du reste, est encore, en thèse générale, beaucoup trop faible, parce qu'ils se seraient trouvés dès lors dans la soi-disant *période de bronze*, et auraient déjà atteint, par suite, un degré considérable de civilisation. En thèse générale, nous trouvons même, d'après les témoignages historiques, cinq mille ans avant notre ère, les hommes arrivés à un tel degré de civilisation que nous pouvons encore facilement y ajouter cinq mille ans, sans lesquels il aurait été impossible aux hommes d'arriver aussi loin (Schleiden). On peut encore rappeler ici ces remarquables soi-disant *habitations lacustres*, découvertes récemment en grand nombre dans les lacs de la Suisse, ainsi que les découvertes semblables faites dans l'archipel Danois et dans la presqu'île du Jutland, qui mettent également hors de doute l'existence d'une population très-ancienne en Europe. On doit aussi considérer comme très-intéressant à cause de sa connexion avec ces observations scientifiques sur la haute antiquité de l'humanité, ce que nous savons des mythes et des traditions fabuleuses des différents peuples sur leur propre antiquité ou sur celle de leurs devanciers. Ainsi l'histoire mythique des *Chaldéens* et des *Égyptiens* commence bien des années avant leur chronologie historique qui, pour les derniers, commence à *Menès*, le premier roi historique de l'Égypte, de 5000 à 3000 ans avant J. C. *Manethon*, grand prêtre d'Héliopolis, qui vivait 350 ans avant J. C., établit par le calcul pour 375 Pharaons, la durée de leur règne à 617 ans qui, réunis au

croit pouvoir y répondre par une *négation* (1) Il se pose

nombre d'années de l'ère actuelle, forment jusque aujourd'hui un total de 8322 années. Strabon (suivant A. de Humboldt) dit des habitants originaires de l'Espagne (les Turduls et les Turdétains) : « Ils se servent de l'écriture et possèdent des livres d'époque ancienne, ainsi que des poèmes et des règles de vérification auxquels ils attribuent une antiquité de 6000 ans. » On évalue à 1900 ans avant Alexandre le Grand l'antiquité des observations d'étoiles faites à Babylone, qui étaient connues d'Aristote, etc. Les périodes *antéhistoriques* de l'histoire de la Chine comportent 129 600 ans. On peut aussi voir le mémoire tout à fait récent et détaillé : « *Ueber das Vorhandensein von Resten menschlichen Daseins in Erdschichten der Diluvialperiode* (Sur la présence de restes de l'existence de l'homme dans les terrains de la période diluviale), par K. G. Zimmermann, dans le journal « *Natur* », 1862, n°s 20 et suivants, ainsi que le rapport du docteur F. Stoliczka, sur les travaux et les envois de Boucher de Perthes (qui est actuellement président de la Société d'émulation d'Abbeville), lu dans la séance du 21 janvier 1862 de la *K. K. geolog. Reichsanstalt*, dans lequel se trouve le passage suivant : « On s'est débattu longtemps contre l'existence d'hommes fossiles : mais les faits sont venus, surtout dans les derniers temps, s'accumuler en si grand nombre en faveur de cette existence, qu'on peut considérer tous les doutes sur ce sujet comme étant actuellement écartés. » Enfin, on peut encore consulter sur le même sujet un écrit populaire dans le « *Grenzboten* » (n° 25, 1862) qui, en s'appuyant surtout sur les fameuses découvertes de M. Lartet, déclare que la preuve de l'existence de l'homme sur la terre simultanément avec les animaux dont nous trouvons les restes les plus récents dans le diluvium, est complétement confirmée (*).

(*Remarque de l'auteur*).

(1) Cela aussi provisoirement tout à fait sans motif. Du moins, il ressort suffisamment des communications de M. le professeur Schaafhausen (*Verhandlungen d. Niederrhein. Gesellschaft für Natur und Heilkunde zu Bonn*, am Febr., 1857) que presque tous les crânes humains trouvés jusqu'ici dans des gisements, simultanément avec des ossements d'ani-

---

(*) Depuis que les lignes ci-dessus ont été écrites, le célèbre géologue anglais, sir Charles Lyell, a publié un grand ouvrage sur *l'Ancienneté de l'homme* dans lequel les preuves géologiques en faveur d'une haute antiquité de l'homme sur la terre, qui dépasse beaucoup les temps historiques, sont exposées et discutées. Une traduction allemande de cette œuvre remarquable, qui contient des annotations et des documents particuliers parmi lesquels on doit ranger entre autres la communication des découvertes les plus récentes, a été publiée il y a peu de temps par l'auteur de cet ouvrage.

(*Remarque de l'auteur pour l'édition française.*

nettement en adversaire de l'idée d'admettre des provinces zoologiques et botaniques ou des soi-disant *points centraux de création* (*Schöpfungsmittelpunkten*) dont l'idée a été surtout défendue par Agassiz. Toutefois Waitz trouve l'hypothèse d'*un seul couple primordial* — qui s'accorderait précisément le mieux avec sa théorie — invraisemblable, et trouve qu'elle l'est précisément par des motifs téléologiques. En effet il ne peut pas se produire de *miracle* dans la nature, suivant son opinion qui est assurément celle de tous les naturalistes qui ne sont pas piétistes, et l'homme n'a pu être *produit* que par des moyens *naturels*, mais n'a pas pu être *créé*. Cette production a dû pouvoir s'opérer partout où les conditions nécessaires pour sa production se sont rencontrées, ce qui, suivant Waitz, n'a pu se présenter que dans la zone *torride*, mais assurément dans différents endroits de cette zone. Mais *comment* cette production d'un premier homme a-t-elle dû se produire, Waitz peut, encore bien moins qu'un autre, nous donner des éclaircissements sur ce sujet, puisqu'il se fait connaître en même temps comme étant un adversaire de l'opinion qui considère l'homme comme redevable de son origine à une transformation insensible des espèces du monde animal qui s'en rapprochent le plus. Toutefois il se déclare, en thèse générale, disposé à admettre que le monde organique est soumis à une loi de développement successif, insensible, et démontre d'une manière excellente que les différentes races d'hommes sont reliées entre elles par une grande

maux d'espèces éteintes; de même que les traces les plus anciennes de l'existence du genre humain sur la terre présentent cette conformation primitive, peu développée et ressemblant à celle des singes. On peut aussi consulter sur le même sujet l'excellent mémoire de M. le professeur Schaafhausen : « *Zur Kenntniss der ältesten Rassenschädel* (Notions relatives à la connaissance du crâne des races les plus anciennes). »
(*Remarque de l'auteur.*)

quantité de transitions et de degrés intermédiaires très-nets. Il n'existe, suivant Waitz, aucunes formes typiques, circonscrites d'une manière fixe et précise, qui puissent être considérées comme constituant des *espèces différentes;* mais la coordination des différentes formes entre les grandes subdivisions principales ne possède que la valeur d'un groupement facile à apercevoir. Si donc, dans l'intérêt de sa théorie, il se laisse aller jusqu'à dénoter comme une « grossière inconséquence » d'admettre que les races sont séparées d'une manière fixe et, malgré cela, de les supposer produites par l'influence de circonstances extérieures et de transformations insensibles, l'inconséquence est, à vrai dire, encore plus grande de son propre côté, lorsqu'il laisse la plus grande liberté aux transformations et aux transitions pour tous les êtres compris en *dedans* des limites que l'histoire naturelle assigne au genre humain et lorsqu'il les rejette entièrement pour tous les êtres qui sont *en dehors* de ces limites. Le genre humain n'est pourtant rien autre chose qu'une petite partie du grand ensemble de la nature et se rattache à cet ensemble par les fils mêmes qui relient entre elles ses parties isolées ! L'absolue immutabilité du type corporel n'est en outre, suivant Waitz, rien autre chose qu'un préjugé, et le fait qu'il existe des types entièrement différents de races et de peuples, s'explique, dans son opinion, par cette raison qu'une certaine quantité d'hommes vivant confondus ensemble pendant longtemps prennent aussi peu à peu, sous l'action d'influences extérieures communes, un type extérieur commun, quelque soient les éléments dont ils aient pu partir originairement. Quelque vrai et quelque positif que puisse être dans le fond un pareil point de vue, il est cependant impossible d'en pousser si loin l'explication. Waitz lui-même reconnaît que ses raisons ne sont pas suffisantes dans tous les cas et déclare, à la fin de son étude de l'*histoire naturelle de l'homme*, que la question de l'unité de l'espèce humaine est une question encore *ouverte* à toutes les recherches ; l'*unité de l'espèce* humaine doit seulement avoir plus de raisons d'être que la *différence d'espèces*. Il déclare encore bien *plus ouverte* aux recherches des savants la question de l'unité d'origine (*Einheit der Abstammung*) qui ne se confond pas avec celle de l'unité d'espèce, mais qui présente avec elle bien des points de contact communs. Waitz lui-même est, comme nous le verrons, un défenseur de l'hypothèse de l'unité d'espèce et cependant un partisan de la pluralité d'origine — ce qui excitera assurément de justes réflexions chez beaucoup de gens.

Avant de passer de l'étude de l'homme au point de vue de l'histoire naturelle à l'étude de l'homme au point de vue de la psychologie, Waitz donne quelques indications sur la *classification du genre humain* qui peut être tentée en partant du point de vue de l'*histoire naturelle*, de la *linguistique* et de l'*histoire*. Aucun de ces points de vue ne suffit du reste entièrement pour arriver à ce résultat et l'on ne rencontre constamment qu'un complet désaccord des auteurs lorsqu'on va au delà des trois formes principales : *Nègres*, *Mongols* et *Européens*. Au delà, on a fait un nombre infini de distinctions diverses entre les races, qui diffèrent entre elles même par le nombre. L'étude du langage donne des résultats un peu meilleurs que l'étude de la conformation naturelle ; toutefois l'hypothèse d'une *langue primordiale commune* est une chimère, et il existe un grand nombre de langues radicalement différentes, de parenté indéterminable.

Comme l'étude *physique* de l'homme donne certainement, suivant Waitz, plus de raisons favorables que de raisons contraires à l'unité d'espèce de l'homme, mais ne suffit pas pour décider la question, l'étude *psychologique* doit être considérée comme indispensable. Cette étude commence par des attaques injustes contre les naturalistes qui, à ce qu'on dit, ne considèrent toujours que le côté corporel de l'homme et tiennent les dons de l'esprit comme présentant une certaine dépendance avec la forme de la tête. Waitz est bien obligé de reconnaître que les peuples *indo-germaniques* et *sémitiques*, qui se distinguent par le plus grand développement du cerveau, ont été considérés par chacun comme étant les foyers les plus essentiels de la civilisation ; mais, même à cet égard, les faits contradictoires ne doivent pas manquer. A cela vient se joindre un long développement sur la *capacité du crâne* et son rapport avec la puissance intellectuelle, que Waitz aurait pu épargner au lecteur s'il avait su que cette capacité est bien sans doute un élément corporel servant à mesurer la puissance psychique dont nous sommes doués, mais qu'elle constitue cette mesure, non à elle seule, mais seulement lorsqu'elle est réunie à plusieurs autres conditions corporelles non moins importantes. Nous nous accordons au contraire entièrement avec l'auteur relativement à son opinion que tous les peuples ont passé par une époque d'absence absolue de civilisation dont les uns sont sortis plus tôt, les autres plus tard.

Cette étude s'étend avant tout en détail sur une question importante qui a été discutée de nouveau un grand nombre de fois dans ces derniers temps, sur la *distinction psychologique de l'homme et de l'animal*. On peut prédire facilement, en partant de son opinion sur l'unité de l'espèce humaine et sur sa séparation rigoureuse du règne animal, à quel résultat l'auteur arrivera : ces résultats ne s'accordent cependant pas avec les faits et révèlent de la manière la plus nette le point de vue préconçu du philosophe qui aborde les faits avec des idées toutes faites. Waitz est pourtant obligé d'accorder beaucoup de choses qui n'avaient jamais encore été accordées qu'à grand'peine par un partisan des écoles spéculatives, et par exemple que la perfectibilité, la faculté de s'instruire par l'expérience, la réflexion, la faculté de parler et beaucoup d'autres ne sont pas la propriété tout à fait exclusive de l'homme et que le malheureux mot « instinct » masque entièrement beaucoup de qualités qui constituent une véritable vie de l'âme chez l'animal. Waitz au contraire exagère les facultés intellectuelles des races humaines inférieures bien au delà de ce qu'elles sont réellement, et indique comme signes caractéristiques de distinction entre l'homme et l'animal une quantité de choses qui ne constituent pas toutes des attributs indispensables de l'essence primitive et naturelle de l'homme, mais qui sont seulement des produits d'une certaine civilisation et de mœurs plus polies, comme : le salut, les signes du respect ou du mépris, de l'union ou de l'inimitié, la parure, les bijoux, le sentiment du beau, le sentiment de la musique, le caractère social, le sentiment de la propriété, la séparation des classes, l'attachement à la famille, à la terre et au peuple, etc., etc. L'observateur de la vie de l'âme des animaux, attentif et dénué de préventions, sera sans aucune difficulté en état d'y reconnaître les traces, les indices et les rudiments de toutes les choses que nous venons d'indiquer. En ce qui concerne enfin le soi-disant « élément religieux » qui, suivant Waitz, manque assurément aux animaux, mais ne doit jamais manquer à l'homme, cette assertion n'est que la répétition de l'opinion générale qui, à cet égard, ne le laisse positivement pas manquer des assurances les plus fortes, mais le laisse manquer de preuves.

Les faits mêmes que Waitz est forcé d'indiquer, parlent *contre* lui, bien que les plus frappants d'entre eux ne lui paraissent pas même être connus. Pour soutenir sa thèse, il est forcé d'identifier avec l'élément religieux les « sorcelleries » et les « sorciers remplissant le rôle de médecins » que l'on rencontre chez quelques peuples sauvages, manière de procéder qu'un homme, dont les idées seront claires, ne pourra que difficilement imiter. Mais bien plus, pour les autres peuples enfin chez lesquels il est avéré qu'on n'a pas même trouvé cette trace, et par suite aucune trace quelconque de croyance au surnaturel, il suppose que « l'élément religieux ne doit cependant pas leur manquer entièrement » ! On ne devrait assurément plus rencontrer aujourd'hui dans des œuvres scientifiques un pareil genre de démonstration. En général, Waitz est forcé d'étendre l'idée religieuse de manière à y comprendre tout et il doit *même* convenir que, chez beaucoup de peuples, la religion n'est rien autre chose que la *croyance aux esprits*. Lorsque, après cela, Waitz, à la fin de son chapitre, croit devoir affirmer qu'il a démontré l'existence d'une différence essentielle entre l'homme et l'animal, nous pouvons, au moins de notre côté, n'ajouter nullement foi à cette affirmation.

Un article ultérieur traite du soi-disant *état de nature de l'homme* qui est considéré également en partant encore du point de vue de la différence d'espèces ou de l'unité d'espèces. L'homme dont l'antiquité, ainsi que nous l'avons vu, remonte bien au delà des temps historiques, n'a jamais été rencontré à un *état de nature* réellement complet : cependant il doit être possible de tirer, même de nos observations actuelles, une conclusion approximative sur l'état de nature de l'homme. Waitz va évidemment trop loin ici dans tous les cas lorsqu'il ne veut accorder aucune valeur aux observations qui ont été faites sur des hommes soi-disant à l'état de nature qui ont accompli leur développement dans les forêts à proximité de la société civilisée, et qu'il les désigne comme étant des « idiots devenus sauvages », et c'est en vain que l'on cherche une preuve positive de cette dernière assertion. Waitz reconnaît du reste expressément qu'un état de la nature de celui que l'on désigne sous le nom d'*état de nature*, a dû exister positivement et même pendant longtemps pour tous les hommes, et que même le langage de l'homme, comme tout ce qui est en lui susceptible de perfectionnement, n'est redevable de sa production qu'à un procédé de développement tout à fait insensible. L'homme à l'état de la nature est, suivant lui, un simple produit de la force de la nature qui le fait passer à l'état de vie tel qu'il est, par conséquent grossier, méchant, d'un naturel inculte, paresseux, sans tendances morales, sans propension à apprendre, d'un égoïsme effréné, sans empire sur soi-même, sans aucun pouvoir de distinguer le bien et le mal, et par suite tout à fait l'opposé de ce que Rousseau et ses successeurs se sont représentés comme étant l'idéal de l'homme. Les peuples à l'état de nature ne connaissent que trois mobiles de leur manière de se comporter : ce sont le bien-être physique, le bien-être social et la satisfaction des us et coutumes : leurs qualités caractéristiques sont mauvaises : ils sont adonnés à l'ivrognerie, au meurtre et au libertinage ; ils n'ont aucun souci de l'avenir et sont sujets à une profonde perversité morale. Souvent on rencontre chez eux une absence absolue de toute idée morale, comme cela se présente, par exemple, chez les nègres du *Soudan oriental*. A cela vient se joindre une longue suite de développements très-intéressants sur les idées des peuples à l'état de nature, relativement au mariage, aux relations sexuelles, à l'amour, à la chasteté, à la manière de se vêtir, à la bienséance, à l'urbanité, aux relations sociales, au goût ou à l'idée du beau ou du laid, à la propreté, etc., etc., idées qui ne sont pas seulement différentes des nôtres, dans la plupart des cas, comme la nuit et le jour, mais qui sont souvent précisément en opposition avec les nôtres aussi bien qu'entre elles. Celui qui croit encore aux idées innées du *bien*, du *beau*, etc., etc., peut se renseigner ici et se faire raconter par Waitz comment un homme à cet état de nature, consulté sur la distinction du *bien* et du *mal*, garantissait d'abord sa profonde ignorance sur ce sujet, mais ajoutait après avoir quelque peu réfléchi que c'est *bien* de prendre leur femme aux autres, mais que c'est *mal* de lui prendre la sienne à lui-même; et il pourrait en outre apprendre qu'il existe des peuples à l'état de nature pour lesquels presque toutes les choses qui, dans les états civilisés, sont stigmatisées comme étant des péchés ou des crimes, sont des vertus et des œuvres méritoires, et entraînent avec elles de la considération et des récompenses. Mais Waitz va encore plus loin et démontre que, même dans l'état actuel de la civilisation, il ne manque pas de contrées et d'individus qui se trouvent encore entièrement au degré d'homme à l'état de nature, et, par exemple, en *France*, en *Russie*, en *Irlande*. Waitz indique même des exemples d'Européens qui, dans des pays étrangers, ont passé à l'état sauvage et qui, suivant lui, sont une entière réfutation de l' « esprit de progrès inné à la race blanche »; il ne considère pas même la race blanche comme privilégiée sous le rapport des aptitudes morales. De tout cela, Waitz conclut enfin encore qu'il n'existe aucune différence spécifique entre les hommes relativement à leur vie intellectuelle, et que chaque peuple possède la faculté d'arriver par le progrès à un degré plus élevé de civilisation. Mais cette civilisation progressive produit aussi peu à peu une race d'hommes dont les aptitudes corporelles et intellectuelles, extérieures et intérieures, sont devenues meilleures, et fraye ainsi la route à un progrès indéfini. Waitz se prononce notamment d'une manière très-nette contre l'opinion que des races isolées possèdent le privilége exclusif d'être susceptibles de civilisation et désigne la distinction bien connue des races de peuple en races *actives* et en races *passives* comme étant une idée schématique qui ne s'accorde pas avec les faits. Si, d'un côté, on est disposé à lui donner volontiers raison sous ce dernier rapport, on ne peut cependant méconnaître que l'auteur lui-même se laisse entraîner par son idée schématique bien au delà des bornes de la réalité. Du moins son assertion de l'aptitude absolue de *toutes* les races d'hommes à la civilisation s'accorde bien difficilement avec les faits connus jusqu'ici qui démontrent d'une manière évidente qu'il existe des races d'hommes qui ne peuvent être amenées à un certain degré de civilisation qu'avec l'aide d'une assistance étrangère, mais qui, privées de cette assistance, retombent de suite dans leur ancien état primordial; qu'il existe en outre d'autres races qui peuvent bien atteindre d'elles-mêmes une certaine culture de l'esprit, mais qui, après avoir acquis un certain degré de culture de l'esprit, s'y maintiennent d'une manière permanente sans pouvoir le dépasser, et enfin qu'il existe une troisième catégorie de races d'hommes pour laquelle nous observons que, chez eux, la culture de l'esprit est apte à un mouvement progressif indéfini. Mais il est à peine besoin d'ajouter que ces races aussi, comme cela se présente partout ailleurs, ne constituent pas des subdivisions rigoureusement séparées, mais sont rattachées entre elles par une quantité de transitions et de degrés intermédiaires, et que, par suite, sa division schématique doit avec raison être rejetée.

Enfin l'auteur, travailleur assidu, entreprend de poursuivre les différents degrés insensibles de transition de l'état de nature à l'état de civilisation dans les différents états de civilisation de l'homme et de découvrir les causes qui ont exercé ici une action déterminante. Les migrations, les guerres, le mélange des différents peuples, l'agriculture, la propriété, le commerce (*Handel und Verkehr*), la religion et la culture continue des sciences sont citées de préférence : toutefois en ce qui concerne la *religion*, Waitz est forcé d'avouer encore que l'action qu'elle a exercée dans beaucoup de cas sur le progrès intellectuel, a consisté à le refouler. Le passage de l'état de nature à l'état de civilisation est, suivant Waitz, tout à fait insensible et tout à fait lent, et la propension à la civilisation s'acquiert plutôt qu'elle n'est innée. Il n'existe aucun penchant inné à la civilisation chez les nations qui ne sont pas civilisées et l'on ne trouve nulle part une tendance originaire au progrès. Quant à l'hypothèse que, ainsi que l'école américaine d'Agassiz, de Morton, etc., nous l'apprend, les races élevées soient, pour ainsi dire par suite d'une institution divine, destinées à déloger de la terre les races inférieures, elle excite avec raison de la part de notre auteur la plus vive contradiction, ce qui fait un honneur égal à sa tête et à son cœur : cependant que cette prédestination existe ou non, le résultat effectif pourrait bien ne pas être différent de celui qui est désiré par l'école américaine.

Dans un *aperçu rétrospectif* qui termine son livre, l'auteur répète que même les plus grandes différences qui se rencontrent parmi les hommes, ne sont que *graduelles*, et se propose la question de déterminer si le but de l'humanité est d'arriver à une civilisation générale, uniforme, sur toute la terre? Avec une absence de prévention qui mérite d'être constatée, l'auteur reconnaît que la civilisation n'accroît *pas* la somme du bien-être, et rappelle d'une manière très-intéressante les relations suffisamment confirmées de ces communautés d'individus isolées, petites et restreintes à un petit nombre d'individus, heureuses et exemptes de contestations, dans lesquelles on ne connaissait nullement, ni crimes, ni pénalités, ni adversité, ni misère. Toutefois Waitz voit avec raison dans l'état de civilisation la destination générale de l'homme, mais il ajoute qu'aucun peuple ou aucune race ne peut être prédestinée originairement à la civilisation, pas plus qu'il ne peut être condamné originairement à la barbarie. Déjà les *tropiques*, par l'influence assoupissante que la chaleur y exerce sur l'homme, rendent ainsi impossible un degré élevé de culture de l'esprit chez les peuples qui y vivent. Mais dans toutes circonstances, un peuple doit traverser un nombre immense de degrés intermédiaires pour arriver à l'état de civilisation : il est impossible de s'élever tout d'un coup à l'état de civilisation.

Ainsi se termine le livre de Waitz qui du reste, comme son titre l'indique, est conçu sur un vaste plan et ne forme que le commencement d'une œuvre plus étendue. Quelques observations générales qui se présentent à l'auteur de ce mémoire, composé d'études critiques, comme cela s'est présenté à son commencement, sont indiquées dans ce qui suit :

1° La tendance vers l'expérience et l'observation qui, depuis que la « raison pure » a été démontrée insuffisante pour résoudre le problème philosophique, acquiert de l'importance en philosophie et qui se détache notamment d'une manière si nette dans l'ouvrage que nous examinons, mérite d'être reconnue pleinement par tous ceux qui ne se soucient pas de fanfaronnades, mais qui se préoccupent de la vérité. Bien que Waitz ait ses pieds encore entièrement retenus dans les chaussures du philosophe et cherche plutôt à trouver dans les faits la confirmation de ses idées propres, telles qu'il les avait préconçues, que la réalité dégagée de toute espèce de voile, cette tendance à l'expérimentation porte en effet même dans le livre de Waitz ses fruits abondants, et force l'auteur, par une sorte de contrainte intérieure, à reconnaître non-seulement comme exactes en réalité un grand nombre des opinions des soi-disant *matérialistes* ou, pour mieux dire, de l'école *empirique*, mais encore d'apporter de nouveaux matériaux pour servir à leur consolidation philosophique. Mais, dans les passages où il se met en contradiction ouverte avec ces opinions, il est forcé, dans la plupart des cas, de faire violence aux faits, et de voir avec les yeux du philosophe plutôt qu'avec ceux du naturaliste.

2° Il est à regretter que M. Waitz ait été déterminé par sa qualité de philosophe à formuler son programme de questions dans un ordre qui ne répond pas au besoin réel. La question de l'*unité d'espèce* de l'homme est et reste une question *oiseuse* et ne possède aucune perspective d'être résolue, tant que l'*idée d'espèce* n'aura pas été déterminée d'une manière fixe. Aussi jamais cette question n'avait-elle été formulée jusqu'ici de cette manière dans la science du côté des *empiriques*, mais on discute toujours seulement la question de l'*unité* ou de la *pluralité d'origine* qui est plus pratique et qui est plus claire pour l'intelligence saine de l'homme. Waitz sépare bien ces deux questions d'une manière tout à fait complète, mais il ne peut pas empêcher cependant qu'elles ne finissent par concorder et l'on ne voit aucun motif raisonnable sur lequel on puisse s'appuyer pour faire accorder l'*unité* d'espèce avec une pluralité d'origine. Si les différences entre les races d'hommes sont en réalité seulement d'une nature telle qu'elles puissent toutes être expliquées par des modifications successives insensibles d'un même type corporel et intellectuel et si la théorie des provinces botaniques et zoologiques est inexacte — pourquoi admettre alors une pluralité d'origine ? Mais si le contraire est vrai, pourquoi ne pas reconnaître que le genre humain s'est présenté dès l'origine sous la forme de plusieurs types entièrement différents ? Et si la question si souvent agitée de l'unité ou de la pluralité d'origine de l'homme présente jusqu'à présent une perspective aussi peu fondée d'une solution définitive qui s'appuie sur des raisons réellement démonstratives, que la question de l'unité d'espèce, Waitz, à ce que nous croyons, aurait mieux fait et aurait satisfait davantage à un besoin réel, s'il avait maintenu à l'ordre des questions son ancienne disposition. — Du reste nous ne voulons pas oublier de lui faire observer que, malgré le grand nombre de raisons probantes, recueillies et alléguées par lui avec un soin vraiment rare, les idées des naturalistes proprement dits paraissent pencher davantage de jour en jour dans le sens d'une opinion opposée à la sienne, et que notamment, comme Vogt l'observe, presque tous les naturalistes *qui ont voyagé*, se rangent du côté des défenseurs de la *pluralité* d'espèce de l'homme. Cela n'empêche cependant pas que tout individu qui prend intérêt à la science, doive de grands remercîments à l'auteur pour ce qu'il nous donne et que l'on doive considérer, comme s'étant enrichie réellement et prodigieusement par ces recherches, une partie de la science qui avait été négligée jusqu'ici et traitée en marâtre.

XI

SUR LA PHILOSOPHIE HUMANITAIRE

(1860)

La philosophie se trouve actuellement dans un état particulier de transition et par suite aussi de perplexité qui vient de ce que son ancienne forme a fait son temps et que le signe caractéristique de la nouvelle, ou bien n'est pas encore trouvé ou bien ne s'est pas encore fait jour d'une manière bien nette. Les anciennes formules n'ont plus d'attrait pour personne et ne surprennent même plus personne parce qu'on a découvert leur peu de valeur (*ihre Blösse*, leur nudité), et les nouvelles ont besoin, pour se maintenir, de moyens que la jeune génération pourra seule posséder. Par suite — quelque tapageuse que soit la littérature sur d'autres points — on rencontre comparativement sur ce point un calme qui n'est interrompu que de temps en temps par les hauts cris de la polémique contre l'effronterie des novateurs et des intrus — ou par des œuvres qui ne produisent rien par elles-mêmes, mais ne mettent de nouveau en œuvre que ce qui existait autrefois. Pendant une telle période, les efforts même les plus faibles qui s'en tiennent à pousser en avant le développement intellectuel resté stationnaire, doivent donc enfin mériter d'être pris en considération. Un effort de ce genre se fait jour dans un petit écrit qui vient de paraître, d'Eduard Löventhal, docteur phil., sur « *die soziale und geistige Reformation des* 19. *Jahrhunderts, als kulturhistorischen Zielpunkt der gegenwärtigen Zeitbewegung* » (La réforme sociale et intellectuelle du xix° siècle considérée comme but des tendances actuelles de notre époque au point de vue de l'histoire de la civilisation), Francfort-sur-le-Mein, Bechhold. Ce livre promet assurément par son titre bien plus de choses qu'il ne peut en tenir dans les 52 pages in-8° dont il se compose, mais il ne devait pas manquer d'intéresser notre époque à cause de sa situation qui permet de le considérer comme un poteau indicateur (*meilenzeiger*, borne miliaire) de la marche du développement philosophique, et peut-être plutôt encore à cause de la puissante prédisposition réformatrice qui s'y fait jour. Si l'auteur voulait dans les circonstances futures qui peuvent se présenter, formuler sa tâche d'une manière un peu plus précise et un peu plus serrée, sa lutte pleine de franchise contre la superstition et l'abrutissement gagnerait assurément en efficacité. Chacun adoptera du reste certainement son opinion que la morale est indépendante du dogme et approuvera sa profonde émotion relativement à l'affaire Mortara. L'auteur découvre le but de l'humanité actuelle dans *l'humanisme* et le *naturalisme* et considère les communions religieuses libres comme destinées à opérer la transition du christianisme à ces manières d'envisager le monde. Il ne songe pas à des bouleversements violents, mais il veut seulement arriver « par l'humanité à l'humanité ». Sa polémique contre la *peine de mort* et la *guerre* mérite plus d'approbation que sa motion un peu étrange de remplacer la perte de l'immortalité de l'individu après la mort que la nouvelle philosophie entraîne à sa suite, par une chronique personnelle exacte qui devrait être instituée dans chaque localité et qui devrait se diviser en une *chronique honorifique* et une *chronique infamante*. L'auteur aurait dû reconnaître, comme philosophe humanitaire, que sa subdivision des hommes en hommes *vertueux* et en hommes *criminels* appartient à une manière d'envisager les choses qui a sa source plutôt dans la théologie que dans une philosophie humanitaire. Dans la philosophie proprement dite, l'auteur professe les idées matérialistes, ne reconnaît pas d'idées sans corps et rejette comme devant être sans issue les tentatives actuelles que l'on fait dans la philosophie transcendantale, pour réunir en une seule et même chose l'idéalisme et le réalisme. En réalité, dans ces tentatives, on reconnaît seulement la vérité du proverbe que l'on ne peut pas servir deux maîtres à la fois. En ce qui concerne la croyance de l'auteur qu'il a découvert lui-même la transition (*die Brücke ;* le pont) entre l'esprit et le corps et qu'il a démontré le développement génétique du premier en dehors du dernier — ce qui résoudrait un des problèmes les plus considérables de la philosophie qui aient été insolubles jusqu'ici — l'auteur s'est assurément trompé, et une étude plus intime de la question et un examen personnel plus sévère le feront bien revenir de cette croyance. Dans quelques paragraphes de psychologie qui servent de conclusion à son écrit, l'auteur cherche à mettre en avant l'*égoïsme* comme étant le mobile principal des actions et des vertus humaines et à recommander un « égoïsme humanisé » comme étant le but vers lequel l'être pris isolément doit tendre dans la vie.

L'auteur, plein d'une séve énergique, a déjà fait paraître quelques petits volumes de poésies lyriques et dramatiques, et, lorsque ses facultés marcheront pleinement d'accord avec ses tendances, il produira encore des choses qui mériteront d'être connues.

XII

MATÉRIALISME, IDÉALISME ET RÉALISME

(A. Cornill : « *Materialismus und Idealismus in ihren gegenwärtigen Entwickelungskrisen :* le matérialisme et l'idéalisme considérés au point de vue de leurs crises actuelles d'évolution. » Heidelberg, 1858.)

(1860)

Le livre que nous allons examiner s'est donné pour mission de concilier, de manière à en constituer un troisième ordre d'idées ou un ordre d'idées plus élevé, les antithèses qui existent entre les deux principales directions de la philosophie, entre le *matérialisme* et l'*idéalisme*, et qui ressortent à l'époque actuelle d'une manière plus forte que jamais ! Si l'on peut assurément conjecturer d'avance que les forces de l'homme même le plus capable échoueront devant la grandeur et la difficulté d'un tel problème, la *tentative* d'arriver à sa solution présente cependant déjà assez d'intérêt pour nécessiter de se rendre compte de plus près des idées de l'auteur. Dans l'*introduction* de son livre, ce qui nous intéresse surtout d'abord c'est l'aveu plein de franchise fait par le philosophe que la *philosophie* se trouve, à *notre époque,* dans une *crise* qui se passe avec calme à l'extérieur, mais qui est cependant excessivement importante, — une crise que l'auteur de ce mémoire avait cru devoir interpréter déjà antérieurement comme étant une conséquence nécessaire de l'élévation rapide des sciences empiriques, mais surtout des sciences naturelles à un état florissant. D'un côté se tient la philosophie *idéaliste*, de l'autre la philosophie *matérialiste :*

mais on peut des deux côtés, suivant Cornill, observer des crises bien nettes qui doivent finalement conduire à des explosions (*Durchbruch*) et à la réunion des deux ordres d'idées en une philosophie *réaliste*, formée de leur ensemble. Le *matérialisme* considère en partant d'un point de vue partial les notions empiriques *extérieures*, l'idéalisme considère en partant d'un point de vue partial les notions empiriques *intérieures* comme devant être le point de départ de la philosophie et comme constituant la véritable et absolue essence des choses. Cette opposition se montre principalement à son point le plus élevé dans les deux savants philosophes, Lotze et J. H. Fichte, qui, dans leurs explications, retombent du matérialisme dans l'idéalisme et réciproquement, et, dans cette occurence, chez tous les deux, l'élément *réaliste* se montre bientôt pourtant comme étant seul susceptible de vivre. Mettre en relief cette explosion d'une méthode réaliste d'envisager le monde et diriger la philosophie dans la voie de la méthode soi-disant *inductive*, telle est la tâche que Cornill s'est donnée et telle est son intention. Une théorie inductive des sciences concilie, suivant Cornill, l'antithèse du sensualisme et de la spéculation. Quelques apparitions irrégulières dans l'histoire de notre développement philosophique actuel, comme Schopenhauer par exemple, doivent être interprétées dans ce sens et doivent être considérées comme des formes de transition du mode idéaliste d'envisager le monde au mode réaliste.

Dans la *première* des trois grandes sections que Cornill établit dans son livre, il cherche, en *peu de mots*, à représenter la *philosophie comme étant une science naturelle* et à démontrer que, ni les principes sans suppositions préliminaires, ni les observations intérieures de notre esprit ou les soi-disant intuitions supérieures, ne peuvent—comme on l'a cru si longtemps — nous aider à acquérir la science philosophique. C'est dans cette fausse croyance que réside le grand défaut de la philosophie de Hegel. Sur le terrain des observations *intérieures*, la méthode inductive est aussi seule possible : ce n'est que par cette méthode que l'empirisme et la spéculation peuvent se concilier sans difficulté : par cette raison, la philosophie doit donc désormais être considérée comme étant inductive et comme étant une science naturelle.

Dans la *seconde* section principale de son livre, l'auteur entreprend d'indiquer en détail les crises de développement qu'il a signalées comme existant dans l'ensemble du matérialisme et de l'idéalisme, en prenant comme point de départ les leçons bien connues de J. B. Meyer sur la controverse relative au corps et à l'âme. Il s'en prend d'abord au matérialisme et, après l'avoir distingué d'une manière très-subtile en matérialisme soi-disant *moniste* et *idéaliste* et en matérialisme *dualiste* et *spiritualiste*, il en dit des choses étranges de toutes natures dont le matérialisme lui-même, dans notre opinion, ne sait que très-peu de chose ou ne sait même rien du tout. Pour ceux qui lisent fréquemment des écrits de controverse contre le matérialisme, il y a de quoi les rasséréner lorsqu'ils voient que presque chacun des antagonistes de cette philosophie se fait une idée spéciale et différente de ce. pouvantable ennemi et se compose une poupée d'une orme ou d'une autre sur laquelle il frappe jusqu'à ce qu'il n'en reste plus aucun lambeau. La principale objection que l'on fasse encore ici au matérialisme, est cette objection si ancienne et si souvent répétée qu'il est hors d'état d'expliquer, en partant de la matière comme point de départ, les faits de la vie intellectuelle et qu'il est inconcevable que des substances, privées de conscience, puissent faire naître la conscience de l'existence. Mais le matérialiste n'a jamais tenté ou voulu tenter cette explication ; et quant à la conscience, le médecin sait que quelques gouttes de chloroforme, ou bien une saignée, suffisent pour la faire disparaître et que quelques secousses ou agitations suffisent pour la faire réapparaître. Comment la matière fait-elle pour faire naître la conscience de l'existence ou même pour penser, cela peut être tout à fait indifférent aux matérialistes qui considèrent la pensée comme un des résultats de l'action de la matière cérébrale. De quelles raisons sérieuses veut-on faire dériver en général le droit de refuser la faculté de penser à la matière qui se trouve dans certaines conditions ? « Si la matière peut tomber à terre », réplique Schopenhauer, « elle peut aussi penser » (1) ! Les maté-

(1) L'assertion que « la matière ne peut pas penser » est une assertion que l'on trouve énoncée actuellement avec une grande netteté dans presque tous les écrits de controverse contre le matérialisme, mais qui n'a jamais été *démontrée*. Dans le fait, elle n'est rien autre chose qu'une simple affirmation, partant d'un sentiment dualistique tout à fait obscur qui trouve sa source dans le point de vue faux de notre instruction. Nous ne pouvons en aucune manière concevoir pourquoi la matière, à côté des forces « physiques », ne devrait pas posséder en elle-même des forces « intellectuelles », et pourquoi la matière, combinée et mise en mouvement d'une certaine manière dans le cerveau, ne doit pas être susceptible de penser et de sentir ! Parmi les facultés (*Leistungen*) qui peuvent exister en général dans la matière, nous n'en découvrons bien, à l'aide de nos faibles connaissances, que la portion la plus incomplète, et nous n'avons aucune idée de ce qu'elle est en outre peut-être encore en état d'accomplir suivant les circonstances et les conditions dans lesquelles elle se trouve. Pour indiquer seulement quelque peu de ce que nous connaissons, l'électricité détermine la fusion d'un fil de fer de deux lignes d'épaisseur en un dix-millionième de seconde ! Pendant cet espace de temps, le fil doit avoir passé par toutes les températures jusqu'au point de fusion — et nous ne pouvons nous faire aucune idée de ce qui se passe dans ce cas. Par l'analyse spectrale récemment découverte, on est

rialistes peuvent du reste, aussi peu que les philosophes, expliquer l'*essence* propre de l'*âme* dont il est toujours tant question en philosophie. L'esprit et la matière, considérés en eux-mêmes, ne sont que de vaines abstractions : ce n'est qu'en se réunissant qu'ils nous fournissent des objets de l'observation. Mais, suivant Meyer et suivant Cornill, l'*idéalisme* non plus n'explique pas mieux l'essence de l'esprit et lorsqu'il traite ces questions, il est forcément toujours de plus en plus entraîné vers la manière dont les matérialistes les envisagent, procédant ainsi de la même manière que le matérialisme lorsqu'il prend en considération des problèmes idéalistes. Toute l'explication montre que les idées exprimées jusqu'ici par les philosophes sur l'essence de l'esprit et sa relation avec le corps sont divergentes et peu consistantes, et qu'elles sont tantôt monistes, tantôt dualistes, tantôt matérialistes, tantôt spiritualistes, et aussi que toutes les tentatives d'explication qui ont été faites jusqu'ici, ne nous ont avancé en rien. Enfin M. Meyer lui-même est obligé de reconnaître que nous ne saurons jamais « comment le corps et l'âme sont reliés ensemble

en état de démontrer dans l'air la présence d'un trois-millionième de milligramme de substance (de sel marin, par exemple). Mais un milligramme n'est lui-même que la millième partie d'un gramme, la plus petite unité de poids française. Une particule de matière qui est aussi petite, dépasse toutes les limites qui peuvent être atteintes par notre observation, lors même que notre microscope serait encore mille fois plus perfectionné. On peut penser aussi aux effets étonnants et presque incompréhensibles de la lumière et de l'électricité qui parcourent de 40 à 60 000 milles en une seconde, et se rappeler que tout cela n'a lieu que par l'intermédiaire de la *matière en mouvement* et comme expression de ce mouvement ; on peut penser encore aux forces merveilleuses de la semence végétale ou animale, au fait remarquable que les rayons lumineux qui doivent pouvoir être observés comme tels par notre œil, doivent être produits par 450 billions au moins de vibrations de la plus petite particule de l'éther dans la seconde, etc., etc. (*Remarque de l'auteur.*)

et ce qu'ils sont en réalité » et que le matérialiste a raison de dire que la matière pense, sans dire *comment* elle pense, tandis que l'idéaliste comprend tout aussi peu comment son âme qui n'a aucun rapport avec les sens, exerce de l'influence sur le corps, souffre en même temps que lui, etc., etc. Lorsque M. Meyer croit pouvoir du reste produire des faits qui doivent contredire l'opinion que la vie intellectuelle est dans la dépendance des relations matérielles du cerveau, une telle croyance ne peut se trouver expliquée que par l'absence de connaissances anatomiques et physiologiques.

Cornill, fidèle à son rôle de médiateur, trouve les deux directions incomplètes : il désigne le matérialisme comme étant un « absolutisme de l'empirisme » et l'idéalisme comme étant un « absolutisme de la spéculation »; il reproche à l'un de ne pas pouvoir déterminer l'essence de la *matière en soi* et à l'autre de ne pas pouvoir déterminer l'essence de l'*esprit en soi*, et voudrait les réunir dans le *réalisme* ou, pour préciser davantage, dans « le *monisme réaliste indéfini* ». Dans cette théorie, l'esprit de même que la nature ne sont que des modes différents d'apparition d'une substance absolue qui, considérée comme une soi-disant « hypothèse métaphysique » est déduite, par l'observation empirique *intérieure* et *extérieure*, d'un dualisme basé sur les théories scientifiques. Nous ne savons pas, d'autre part, quelles sont les conditions de l'esprit et de la nature dans cette substance, ni comment ils se comportent tous deux l'un par rapport à l'autre dans l'existence de l'homme ; aussi le réalisme s'arrête-il en ce point et se désigne-t-il comme étant un « indéfini ». Cornill trouve même dans ce réalisme pris comme point de départ un moyen de s'élever jusqu'à la foi, la religion, le christianisme et Dieu, par un « procédé final qui s'accomplit d'une manière inconsciente (*unbewust sich vollziehendes Schlussverfahren*) » (!). Toutes choses ne sont que des révélations d'une substance absolue, réelle, impénétrable en elle-même, qui doit comprendre en elle-même aussi bien le mysticisme et la philosophie dogmatique que les résultats de l'étude inductive conciliés entre eux et doit réunir les connaissances spéculatives et empiriques. Mais relativement à la question de savoir ce que peut être précisément, lorsqu'on l'examine de plus près, une « substance » qui répond à de si grandes exigences, l'auteur ne peut rien indiquer, sinon que, ainsi que nous l'avons déjà indiqué, il la désigne sous le nom d' « hypothèse métaphysique », et, à la fin de son explication, nous nous voyons arrivés en face, non d'une nouvelle conquête de la science, mais seulement en face d'un accroissement des nombreuses hypothèses de la philosophie spéculative dont le nombre s'est encore augmenté d'une nouvelle unité. Dans tous les cas, les matérialistes « brutaux (*rohe*) » peuvent regarder avec beaucoup de calme cette substance indéfinissable, vraiment curieuse, sur laquelle la chimie ne possède aucune notion et qui doit nous réconcilier avec la spéculation et le mysticisme. En ce qui concerne la « croyance (religieuse) uniforme s'appuyant sur l'assentiment de tous les peuples » dont parle Cornill, on peut bien admettre sans se tromper, que sa connaissance doit lui être parvenue, non par l'observation empirique *extérieure*, mais par l'observation empirique *intérieure*.

Dans la *troisième* grande section de son livre qui est la portion de beaucoup la plus grande, les « *antithèses de l'anthropologie moderne* » sont exposées et considérées comme incorporées surtout dans les deux penseurs, J. H. Fichte et Lotze, et l'auteur fait notamment ressortir à ce sujet, comme étant caractéristique, l'écrit de controverse de

Lotze contre Fichte. Chez tous les deux, les antithèses que l'on rencontre entre l'empirisme et la spéculation sur le terrain de la philosophie, se continuent de telle manière cependant que tous les deux, après avoir constaté que « les idées pénétrantes de la science ont remporté la victoire sur les anciens dogmes de la philosophie », se placent expressément sur le terrain des études inductives et cherchent également à fonder une science naturelle de l'âme humaine. Tous deux ne croient plus à des forces qui ne soient *pas* reliées à la matière. Tous deux cependant sont en opposition avec le matérialisme, en ce qu'ils ne donnent à la matière qu'une importance conforme au phénomène, et ils sont en opposition entre eux, en ce que Fichte penche dans le sens de la méthode *dynamique* d'envisager le monde, tandis que Lotze penche du côté de la méthode *mécanique*. En ce qui concerne les relations de l'esprit et de la matière, tous deux sont *dualistes*.

Dans la première *subdivision* de cette section, Cornill traite de la *théorie des atomes* et fait ressortir la tendance spéciale à notre époque de vouloir expliquer les phénomènes de la nature par les théories atomiques. Or non-seulement les sciences naturelles, mais aussi la philosophie, ne peuvent plus, suivant Cornill, se passer de ces théories : elles constituent une nécessité empirique et spéculative. Toutefois les atomes des philosophes se distinguent essentiellement de ceux des empiriques et trouvent leur propre raison d'être dans la distinction philosophique du « phénomène » et de la « chose en soi ». L'explication qui vient ensuite, montre cependant combien les philosophes s'accordent peu avec eux-mêmes et entre eux sur leurs atomes et sur l'« essence du réel » (*Wesen des Realen*) et nous fait encore ici, comme dans la question de l'âme, reconnaître très-nettement l'insuffisance des méthodes de recherches spéculatives en pareille matière. Des contradictions, des inconséquences et des « actions philosophiques arbitraires (*Philosophische Willkürakte*) », intrinsèques, très-frappantes, sont surtout indiquées chez Fichte par Cornill lui-même. Lotze aussi est si peu clair, que Cornill met en doute à cet égard s'il s'empêtre dans une contradiction réelle ou apparente (p. 105). Il n'y a donc non plus rien de positif à gagner dans cette section, et nous pouvons passer à la seconde subdivision qui entreprend de nous entretenir sur le rapport du *mécanisme* et de la *vie*. La méthode *mécanique* et la méthode *dynamique* d'envisager le monde se trouvent encore ici placées comme sur deux rocs escarpés en face l'une de l'autre : toutes deux ne doivent cependant pas, suivant Cornill, dépasser, malgré tous les efforts contraires, un dualisme empirique dont la théorie s'efforce de progresser jusqu'à un mode unique d'explication. L'auteur pose la question de savoir si la vie est la cause inconnue des phénomènes mécaniques, ou si, réciproquement, les phénomènes mécaniques sont la cause de la vie. Cette idée de la « force vitale » qui a si souvent été terrassée déjà par la critique et qui renaît toujours de nouveau à la vie, joue encore ici le principal rôle. Elle paraît constituer en effet un enfant gâté des philosophes qui ne voudraient le perdre à aucun prix. Cette ancienne accusation est lancée de nouveau ici contre le matérialisme, qu'il n'est pas en état d'expliquer d'une manière satisfaisante les phénomènes de la vie au moyen des effets des forces organiques — accusation qui ne signifie rien par cette raison que le matérialisme n'a jamais entrepris une telle tâche. S'il pouvait donner cette explication de telle manière que la question puisse être considérée comme épuisée, toute discussion serait assurément terminée d'un seul coup ; mais — et cela suffit entièrement pour pouvoir nier la force vitale, il peut seulement montrer qu'il n'y a aucune autre force naturelle qui puisse exercer ou qui, en tant que notre observation peut suffire à le reconnaître, exerce son action en dedans du monde organique, que celles qui exercent leur action en dehors de ce monde. La distinction en chimie *organique* et en chimie *inorganique* que, suivant Cornill, le matérialiste veut supprimer à tort, n'est actuellement « rien de plus qu'un expédient pour aider à la classification qui ne répond nullement aux phénomènes et que nous ne devons conserver que par la raison qu'elle nous est commode » (Schiel). Dans la discussion entre Fichte et Lotze sur la force vitale, des contradictions intrinsèques leur sont encore indiquées à tous les deux, et des antithèses incompatibles et une comparaison inconciliable de ces antithèses de même qu'une oscillation incertaine entre des idées tantôt monistes, tantôt dualistes, sont reprochées notamment à Fichte. Tantôt il ne paraît vouloir s'appuyer que sur l'expérience, tantôt il ne part encore une fois que de prémisses établies à priori. Lotze tombe en contradiction avec lui-même lorsque, d'une part, il veut expliquer tout en partant d'un point de vue empirique et mécanique, tandis que, d'autre part, il fait appel aux motifs abstraits et s'abandonne aux idées entièrement spéculatives et spiritualistes. Spiess et Virchow comparaissent aussi, et, malgré leurs opinions matérialistes, des principes et des tendances idéalistes cachés doivent leur être indiqués. C'est du reste Virchow qui paraît encore concilier le mieux l'opposition entre le matérialisme et l'idéalisme. — Toute l'explication devient un peu obscure par ce fait qu'elle mélange ensemble en partie la question relative à l'essence et à l'origine de la *forme organique* avec la question relative à la force vitale et qu'elle commet en outre la même faute que Liebig dans sa lutte contre le matérialisme et n'établit pas une distinction suffisante entre la *vie* et la *force vitale*. Le matérialisme lui-même est à peine effleuré par cette explication. En effet il ne veut d'abord rien *expliquer*, ainsi que Cornill le pense, mais il veut démontrer seulement le peu de valeur de l'idée d'une force organique particulière. Il ne connaît aucune antithèse entre la nature *morte* et la nature *vivante;* en effet il sait que la nature inorganique possède aussi une vie qui ne se distingue de la vie organique que par une autre direction et par la plus grande lenteur de son mouvement intrinsèque; il sait que l'étude de la nature n'est pas même en état d'élever une limite déterminée entre la nature morte et la nature vivante, dont les lithophytes, les multipores et les coraux forment les transitions. La *vie* n'est, suivant lui, qu'une *nature* particulière *de mouvement*, dont les détails sont encore inconnus, qui est communiquée dès l'origine à la *cellule* et qui se transmet, à partir de là, de la même manière que le mouvement de la mécanique des corps célestes, une fois qu'il a commencé à marcher sous l'influence d'une impulsion qui nous est inconnue, se transmet maintenant dans toute l'éternité. Mais ce mouvement organique, une fois déterminé, ne continue plus et ne peut plus continuer à exister autrement que par l'intervention des forces ordinaires de la nature et des matières corporelles qui nous sont connues. D'où il s'ensuit qu'il ne peut exister aucune force vitale !

Enfin Cornill, dans cette question, rentre de nouveau dans son rôle de médiateur et veut concilier les deux directions opposées pour en opérer la fusion dans son *hypothèse réaliste* qui considère la vie extérieure comme un simple phénomène d'une *vie* inconnue en elle-même ou *latente*. Ce que cela peut être en réalité — si cela n'est pas une simple répétition des doctrines de Kant — nous ne le comprenons pas : et nous comprenons encore moins ce qui peut être gagné ou expliqué par une telle hypothèse. La physiologie attache à l'expression « vie latente » une idée tout autre et très-bien déterminée et dirige alors ses pensées vers des expériences qui ont été faites il y a déjà longtemps sur les semences des végétaux, mais qui ont été plus frappantes encore sur certains animaux et certains végétaux d'un ordre inférieur : une vie latente dans le sens des hypothèses spéculatives est au contraire une idée entièrement obscure pour la physiologie.

Dans la *troisième* subdivision de la troisième grande section du livre, le rapport de la *vie* et de la *conscience* est examiné, et la *conscience de soi-même*, prise dans le sens de la philosophie théorique, est mise en lumière, comme étant le principal bouclier qui puisse nous protéger contre le progrès des idées matérialistes. Des contradictions et des crises idéalistes doivent encore être indiquées au matérialisme dans cette question, et cela doit être démontré notamment dans les idées de l'auteur de ce mémoire dans lequel M. Cornill cherche à trouver avec un grand soin non-seulement une soi-disant « crise de la théorie des sciences », mais aussi une « crise métaphysique ». L'auteur renonce à une réfutation parce qu'il est fatigué de répéter éternellement la même chose et d'assurer à ses antagonistes qu'il n'avait pas l'intention d'exposer un système de matérialisme « en dehors duquel il n'y aurait pas de salut » (*alleinseligmachendes*), ou d'établir un nouveau dogmatisme à la place de l'ancien. Mais il ne peut pas omettre d'observer que M. Cornill, dans l'endroit où il est question du rapport de la conscience avec l'activité du cerveau, peut à peine s'être mépris, autrement qu'avec intention, sur la nature de ses idées et qu'il n'y devait être question que de cette activité du cerveau que M. Cornill sépare, dans sa pensée, de l'activité *physiologique* comme étant une activité *psychologique*. Pour les matérialistes, une séparation de la nature de celle qui est établie ici par M. Cornill, est assurément tout à fait inadmissible : en effet, pour lui, l'activité physiologique de la portion supérieure du cerveau qui préside à la fonction de la pensée, est en même temps son activité psychologique, et la *nutrition* d'un organe qui est naturellement tout à fait indépendante de sa *fonction*, peut seule avoir lieu sans expression visible de l'activité. Le cerveau se trouve ici dans le même état que les autres organes du corps, et M. Cornill ne supposera assurément pas que l'auteur ne sait pas que le cerveau est nourri même dans le *sommeil* et dans les états inconscients, ou bien autrement qu'il y a des parties qui ne sont que l'organe des actions inconscientes des nerfs. Au contraire une activité proprement dite du cerveau, *en ce qui a rapport à l'âme*, est tout à fait inadmissible sans conscience, et les faits qui doivent prouver le contraire, sont encore à produire. Du moins, dans l'opinion de l'auteur, tous les phénomènes qui s'y rapportent chez les somnambules, chez les personnes assoupies, chez les fous, chez les individus anesthésiés par le chloroforme, dans la fièvre, dans le délire, dans les lésions du cerveau, etc., etc., peuvent bien être rapportés à un affaiblissement ou à une direction perverse, mais non à une absence totale de conscience. En général l'emploi que les philosophes font continuellement, avec une grande emphase, des faits de la conscience et de sa soi-disant *unité* pour les opposer aux idées matérialistes, est très-peu justifié. En effet, s'il existe une faculté de l'âme qui documente d'une manière très-frappante sa dépendance des conditions matérielles du corps, c'est assurément, ainsi que nous l'avons déjà indiqué, la *conscience*. L'animalcule le plus chétif possède une conscience et une conscience de soi-même, et lorsqu'on coupe en morceaux un polype ou un ver, chaque morceau continue à vivre comme un individu isolé, pourvu de sa conscience de soi-même bien distincte. Un *infusoire* qui se reproduit par *division*, a fait dans l'espace de peu d'instants par la séparation de son corps en deux parties une *double* conscience de soi-même aux dépens de la conscience *simple* de soi-même qu'il possédait antérieurement. Un coup frappé sur la tête, quelques gouttes de chloroforme, une fièvre, ôtent à l'homme sa conscience ou la poussent à des élans involontaires (*ungeberdigen*). Le *datura stramonium* ranime le courage des Indiens abattus et leur fait voir les visions les plus brillantes, tandis que le *champignon de Sibérie* rend l'homme insensible contre la douleur et lui fait prendre un brin de paille pour un obstacle insurmontable. Le *haschich* chasse les soucis, rend gai et enjoué, et produit, à des doses plus élevées, le délire et la folie (1). L'*opium* communique aux Orientaux les plus doux rêves, et le *vin* fait passer les Occidentaux dans une disposition d'esprit telle qu'ils sont capables de perdre toute conscience sérieuse de leur état

---

(1) H. Emmerich rapporte que les Orientaux prennent du haschich pour évoquer dans leur imagination des apparitions qui les transportent par enchantement dans le paradis. Le haschich détermine la gaieté, un mouvement rapide des idées, des apparitions fantastiques de l'espèce la plus agréable, et la tendance à révéler les pensées les plus secrètes. Le docteur Berthault, après avoir pris du haschich, s'est trouvé impressionné par une musique tout à fait ordinaire comme par une chose délicieuse, et en général, pendant l'ivresse produite par le haschich, on acquiert une sensation d'infini, et on se sent si léger, qu'il semble que l'on pourrait être emporté au loin par un souffle du vent. Une personne de la société se croyait transformée en une locomotive, etc., etc.

(*Remarque de l'auteur.*)

momentané. Suivant Spiess, la conscience n'est pas la base propre de toutes les forces actives de l'âme ; mais les idées, les pensées, les sensations ne se manifestent que dans la conscience. Schopenhauer désigne la conscience comme étant une chose excessivement simple et bornée. Comment la conscience se forme-t-elle dans le cerveau, cela est assez indifférent au matérialiste, et il peut considérer la pensée et la conscience comme étant une espèce particulière de mouvement de la substance matérielle, *in specie* de la substance du cerveau, sans être contraint, en quoi que ce soit, à approfondir comment ce mouvement se produit. Lors donc que M. Cornill, après avoir cru avoir indiqué au matérialisme des contradictions et des crises idéalistes, veut le voir engagé dans une recherche intime de l'essence de la conscience et de l'âme, une telle exigence ne peut être expliquée qu'en admettant qu'il méconnaît le point de départ du matérialisme. Que fait au matérialiste l'*essence* propre de l'âme et de la conscience ? Pour le matérialiste, il suffit pour le moment d'avoir démontré par des faits la dépendance nécessaire et proportionnelle des manifestations de la vie relatives à l'âme de la matérialité du cerveau, ainsi que le mode objectif et insensible de formation de l'âme et de la conscience de soi-même. Lorsque la philosophie sera en état de nous fournir, en partant de cette notion une fois acquise comme base, quelque chose de stable et qui ne soit pas en contradiction avec les faits, *tous* les partis lui devront assurément de la reconnaissance. Mais, jusqu'ici, il y a malheureusement peu d'espoir d'y arriver, et le livre de Cornill nous le fait ressortir d'une manière très-douloureuse à chaque page. Lorsqu'on a bien surmonté heureusement tous les obstacles qu'on rencontre dans ce chaos absolu d'opinions contradictoires et qu'on se demande sans prévention si l'on est devenu un tant soit peu plus savant qu'auparavant, on doit répondre par une *négation* et on ressent seulement l'impression pénible que, sur toutes ces belles choses dont M. Cornill et les écrivains qu'il a cités, parlent avec tant d'érudition, rien ne peut être exposé avec netteté. Après que l'on sera arrivé au point que le matérialisme a fixé provisoirement, rien ne pourra être démontré jusqu'à nouvel ordre par des raisons positives, et les opinions ne pourront plus, à partir de ce point, chercher leur point d'appui sur le terrain de la science positive, mais elles divergeront suivant les tendances générales de l'esprit et de la croyance de telle manière que les uns verront seulement dans le *cerveau* la *condition*, mais les autres le *motif* des activités psychiques. En effet les individus d'une troisième catégorie qui, faisant abstraction de tous les faits, persévèrent opiniâtrément dans les anciennes opinions spéculatives et spiritualistes d'une essence de l'âme subsistant par elle-même, dénuée de toute matérialité, ne doivent pas être pris ici en considération ; et s'il en est ainsi et si la philosophie est maintenant forcée, par une force qui l'y contraint, à descendre, dans cette question comme dans beaucoup d'autres, sur le terrain de la *réalité*, nous sommes redevables uniquement de ce service au matérialisme tant calomnié qui, d'après cela, ne pourra plus être accusé d'avoir fait quelque chose d'inutile ou d'avoir répété quelque chose de connu avec les renseignements qu'il a fournis. On n'a besoin que de remonter d'un petit nombre d'années dans l'histoire de la philosophie et des tendances psychologiques pour se mettre en état d'apprécier ce service tout à fait à sa valeur.

Cela doit donc satisfaire d'autant plus celui qui pense avec calme, d'entendre M. Cornill, après qu'il a réduit au silence le matérialisme, indiquer ultérieurement aussi à l'idéalisme des contradictions et des crises matérialistes dans la *question de la conscience* et de voir se révéler partout dans les opinions une confusion illimitée. Après que la grande insuffisance des raisons sur lesquelles s'appuie Fichte, est devenue évidente, Lotze qui, dans cette question, s'efforce de se tenir plutôt du côté du point de vue matérialiste, se voit indiquer des crises idéalistes intrinsèques et se voit reprocher, dans ses idées sur la conscience, de l'hésitation, de l'incertitude, de la contradiction et un relâchement momentané dans la précision de l'observation. Par l'étude des idées de Lotze, il devient de nouveau bien clair qu'il n'est pas possible de servir deux maîtres à la fois.

Cornill cherche encore ici à effectuer sa médiation dans la « substance réelle » inconnue que nous connaissons, ou dans le « monisme réaliste indéfini », L' « indéfini » serait bien mieux désigné par l'expression « indéfinissable ».

Dans ces circonstances, la *quatrième* et dernière subdivision de la troisième section principale du livre, de Cornill qui forme le reste du contenu et la fin du livre, et qui porte pour titre « la conscience et l'âme », ne nous fournit rien de nouveau, mais répète seulement, en ce qui s'y trouve d'essentiel, ce qui a déjà été indiqué : ce sont seulement des variations rétrospectives sans fin sur le même thème qui ne mènent déjà à aucun but par cette raison que la question est prise continuellement dans un sens beaucoup trop général et indéterminé, et qu'il est toujours plutôt question du rapport général de l'esprit et de la matière que de celui du cerveau et de l'âme. L'impossibilité d'expliquer l'essence de la matière est en effet toujours ici un vrai cheval de parade contre le matérialisme, et la théorie atomique de Redtenbacher y est entremêlée tout à fait sans motif. D'autres empiriques comme Pflüger, Ludwig,

Eckhard, Spiess, etc., etc., sont aussi pris à partie et rapetissés. Mais toutes les allégations présentent d'autant moins de valeur que M. Cornill se voit lui-même forcé aussi de reconnaître expressément à la matière une soi-disant «*psychische Dynamis*» (puissance psychique) et de se ranger du côté de la doctrine de Virchow, « que nous sommes complétement dans l'ignorance de l'essence de la conscience, et que la philosophie et la science naturelle ne se sont pas encore avancées au delà de la reconnaissance de ce fait ». M. Cornill fait partout allusion aux impossibilités d'expliquer et ne démontre rien ainsi : en effet l'essence de la philosophie empirique consiste à ne pas dépasser ces impossibilités d'expliquer, comme le fait en toutes circonstances la philosophie spéculative, mais de s'en tenir d'abord aux données acquises. Dans sa polémique contre l'auteur de ce mémoire relativement à la non-existence de l'âme de l'embryon, M. Cornill ne fait pas attention que la matière ne doit pas seulement être engagée dans un état tout à fait déterminé, mais qu'elle doit être influencée d'une certaine manière par des circonstances extérieures pour produire des effets psychiques. Si donc l'enfant qui n'est pas encore né ou qui est nouvellement né, ne pense pas encore, cela tient à l'absence de ces circonstances — dont M. Cornill a eu une occasion suffisante de lire le détail dans l'écrit de l'auteur. Et lorsque M. Cornill croit encore ici avoir indiqué des contradictions au matérialisme, les contradictions qui tombent à la charge de l'idéalisme et des philosophes spéculatifs, sont, d'après sa propre exposition, encore bien plus grandes et bien plus incurables. Pour Lotze notamment, qui est précisément considéré comme une autorité dans ces sortes de choses, on peut lui prouver que, malgré sa direction mécanique, il arrive à une rechute absolue vers l'idéalisme et à une telle contradiction avec lui-même et avec toute sa direction philosophique, que Cornill n'éprouve aucun scrupule de parler « d'un abandon des opinions de ce penseur vraiment excellent par lui-même ». Lotze se débat dans de longues explications sur la question peu pratique de savoir si l'âme est « une substance transcendante, abstraite, sans étendue, ou une substance douée d'étendue ». A côté de Lotze viennent se ranger encore plusieurs autres penseurs spéculatifs dont les idées citées par Cornill fourmillent encore de contradictions et d'idées obscures, et nous les voyons, dans tous les cas, employer seulement ces idées générales et vides dont Schopenhauer a combattu l'abus en philosophie avec tant d'inflexibilité et avec un sarcasme aussi foudroyant.

Enfin, pour M. Cornill, toutes les contradictions se résolvent dans sa « substance réelle », et on reste ainsi dans l'indécision de savoir si la substance réelle de l'âme doit être considérée comme *matérielle* ou *idéale*. On ne dit pas clairement si cette substance importante est identique avec la *substance de l'âme* de Wagner : on apprend seulement enfin que l'hypothèse réaliste résout *tout* et promet une assistance pareille à l'*empirisme*, à la *spéculation* et à la *foi*. Les soi-disant « besoins religieux » qui, sans contredit, sont devenus si pressants à l'époque actuelle que, sans eux, il serait impossible d'obtenir une place comme professeur de philosophie, viennent parfois se glisser ici, et même l' « immortalité de l'âme » trouve dans l' « hypothèse réaliste » une ancre de salut. Une hypothèse qui *nous procure autant de choses à la fois* devient déjà suspecte par cela seul, lors même qu'elle ne porterait pas en elle-même moins de signes caractéristiques de son peu de réalité philosophique !

Si, enfin, après la lecture de toute l'œuvre, on cherche à se représenter l'impression qu'elle doit laisser dans l'esprit du lecteur impartial, on se retrouve en face de l'ancienne impression, si souvent ressentie, et que l'on ne peut pas ressentir assez fréquemment. Les philosophes s'épuisent toujours dans des efforts inutiles pour arriver à un but que nous ne pouvons atteindre, c'est-à-dire à l'*essence des choses*, et doivent en présence d'une telle tendance même avec la meilleure intention devenir spéculatifs, obscurs, hypothétiques, tandis que les empiriques ne parlent toujours que de ce que nous savons d'une manière absolue ou jusqu'à un certain degré et laissent de côté ce que nous ne savons pas encore. Assurément on leur réplique : c'est précisément pour cela que vous n'avez aucun droit de discourir avec nous sur notre affaire — mais on se donne ainsi un témoignage peu favorable en faisant reculer la philosophie dans le domaine de l'inconnu (*Nichtwissen*). On se demande ce que cette philosophie de l'inconnu a produit jusqu'ici en comparaison de celle qui s'édifie sur la base fondamentale de ce que l'on peut atteindre, de ce que l'on peut définir, ou des matériaux empiriques? Rien ! tandis que la dernière a au moins produit quelque chose. On avouera volontiers que cette direction empirique de la philosophie qui est encore jeune, est sujette dans beaucoup de cas à des erreurs et à des défauts; mais peut-il en être autrement au commencement ? Sa circonspection et sa sévérité vis-à-vis d'elle-même augmenteront chaque jour, et les limites jusqu'auxquelles elle se croit autorisée à aller à chaque époque, deviendront plus nettement déterminées. L'empirisme nie seulement la force vitale, tandis que la philosophie veut expliquer la vie : l'empirisme admet les *atomes* comme degré de transition qui conduit à une connaissance plus étendue, tandis que la philosophie propose une théorie atomique et cherche à s'en servir pour arriver à déterminer l'essence du réel : l'empirisme admet la constance de la matière ainsi que la force comme étant des faits, tandis que la philosophie se livre à des fantaisies sur l'essence de l'âme : l'empirisme cherche à comprendre l'origine et l'essence du monde organique et de l'homme à l'aide des faits et des acquisitions pénibles de la science, tandis que la philosophie connaît mieux tout cela depuis longtemps à l'aide de l'intuition intérieure, etc., etc. En un mot, l'empirisme recherche la *vérité*, et la philosophie ; le *système*. L'esprit dressé aux recherches empiriques a perdu depuis longtemps toute tendance à s'intéresser à la plupart des explications des philosophes spéculatifs, relativement à l'essence, avec leurs manières de s'exprimer obscures et à double sens, qui demeurent toujours au-dessus d'elles comme une lumière crépusculaire et masquent leur vice intérieur par l'*apparence* de l'érudition : il se sent seulement de la répulsion pour toutes ces manières de s'exprimer si obscures et si ampoulées, et ne comprend pas comment on peut toujours se donner tant de peine pour des choses qui manquent de toute perspective d'arriver à une solution positive : il dirige au contraire ses efforts avec d'autant plus d'ardeur vers les questions qui sont devenues plus ou moins accessibles à notre savoir par les progrès des sciences empiriques. Mais il devrait être clair qu'il y a infiniment à faire pour relier par des pensées philosophiques ce savoir mal coordonné, et pour en faire admettre généralement l'importance dans le sens philosophique. Dans le domaine de l'esprit pris dans un sens absolu, il est assurément plus commode d'entasser, et les philosophes, agissant d'une manière semblable à celle d'un essaim de mouches dans la lumière du soleil, dansent avec bonheur dans le soleil de la pensée pure, tandis que, du côté des empiriques, la sueur du travail coule du front de l'observateur. Où y a-t-il une psychologie comparée des animaux conforme à l'exemple des empiriques qui nous ont fourni depuis longtemps une anatomie comparée ? Où sont les philosophes d'un esprit méthodique qui profitent, pour arriver à leurs conclusions, des observations de l'anatomie, de la physiologie et de celles des médecins aliénistes ainsi que des médecins légistes dans la voie de la méthode inductive et avec une connaissance suffisante de ces observations ? Où existe-t-il une théorie de l'homme partant d'une base positivement empirique ? Le plus petit rudiment d'une psychologie comparée des animaux, par exemple, mériterait plus de remercîments que toutes les spéculations philosophiques sur l'essence de l'âme qui se sont fait jour depuis l'origine de l'histoire.

Et quel est, après tout cela, l'apport par lequel le livre de M. Cornill, malgré ses 420 pages et malgré l'érudition philosophique de son ensemble et de sa manière de s'exprimer, est venu contribuer au progrès de la science ? Dans le fait même, tout autant que rien : cet aveu seul est digne d'être remarqué dans la bouche d'un philosophe, que la philosophie doit laisser de côté la route qu'elle a suivie jusqu'ici, et marcher dans la voie de la *méthode inductive.* « La spéculation sans l'empirisme », telles sont les paroles que M. Cornill se voit forcé d'énoncer, « est inconcevable », et, même dans les sciences empiriques, il se présente généralement, suivant lui de hautes intelligences faisant époque qui sont *spéculatives,* c'est-à-dire qui savent interpréter les faits de l'expérience. Assurément ! Et par quel motif poursuit-on alors d'un fanatisme philosophique si infatigable les hommes qui font des tentatives de cette nature ? Assurément, M. Cornill, en contradiction avec lui-même, accorde même *plus* que la direction empirique ne le demande, puisqu'il veut que la philosophie soit traitée dorénavant comme une science naturelle. La philosophie ne pourra jamais devenir une science naturelle, lors même qu'elle embrasserait les méthodes propres aux sciences naturelles : en effet son objet est plus grand ; ses bornes sont plus étendues ; l'ensemble du problème qu'elle se propose est tout autre. Cela seul est vrai que, en continuant à négliger les résultats des sciences empiriques, elle travaille à sa perte. M. Cornill ne le veut pas assurément ; mais, chez lui, la volonté vaut bien mieux que l'acte : en effet, par la voie de l'induction qu'il défend si vivement, il ne peut assurément pas arriver à la découverte de sa « substance réelle, indéfinie ». Si, comme la philosophie le suppose, il existe une « chose en elle-même » philosophique, nous ne pouvons pas, dans nos idées, en tenir compte : en effet nous ne pouvons pas la connaître, ni en nous appuyant sur la métaphysique, ni, comme le veut M. Cornill, en nous appuyant sur « la théorie de la science », et toute la distinction qu'il établit entre l'*observation intérieure* et l'*observation extérieure*, revient finalement à sauver et à restaurer une position spéculative qu'il paraît lui-même avoir abandonnée, et la « raison pure » (*reine Vernunft*) est alors remplacée par l'observation intérieure (*innere Erfahrung*), avec l'aide de laquelle tout philosophe qui suit les traces de M. Cornill ne doit pas agir autrement qu'il opérait antérieurement en s'appuyant sur ses propres pensées. Quant aux systèmes dont M. Cornill distingue un si grand nombre, présentant des nuances si variées, il n'en est généralement plus du tout question ; mais il est seulement question de pensées philosophiques luttant pour la vérité et la réalité. Quant à ce qu'une philosophie dite réaliste soit la seule qui résulte des luttes philosophiques de l'époque actuelle et qui puisse apporter une satisfaction durable à notre besoin de philosophie, M. Cornill doit entièrement le reconnaître. Mais cette philosophie réaliste doit aussi tenir ce qu'elle promet, et ne pas renier son propre principe dès les premiers pas, comme cela se voit chez M. Cornill. C'est par cette raison que l'on peut louer son œuvre d'avoir reconnu exactement l'état de la question, mais on doit en même temps lui reprocher d'avoir cherché à résoudre cette question d'une manière qui se trouve en contradiction avec ses propres prémisses.

TABLE DES MATIÈRES

DU PREMIER VOLUME.

I.	Vie et lumière...	1
II.	De l'idée de Dieu et de sa signification dans l'époque actuelle..	8
III.	Les positivistes ou une nouvelle religion................	18
IV.	Plus de philosophie spéculative...........................	43
V.	La circulation de la vie.....................................	49
VI.	Immortalité de la force.....................................	62
VII.	Franz contre Schleiden.....................................	80
VIII.	Terre et éternité...	91
IX.	Sur Schopenhauer...	115
X.	Sur l'histoire naturelle de l'homme......................	175
XI.	Sur la philosophie humanitaire............................	205
XII.	Matérialisme, idéalisme et réalisme.....................	208

FIN DE LA TABLE DES MATIÈRES.

www.ingramcontent.com/pod-product-compliance
Lightning Source LLC
Chambersburg PA
CBHW061958180426
43198CB00036B/1444